Kohlhammer

Der Autor

Prof. Dr. phil. Ralf T. Vogel ist Psychologischer Psychotherapeut, Verhaltenstherapeut und Psychoanalytiker, Lehranalytiker und Supervisor an Ausbildungsinstituten unterschiedlicher therapeutischer Schulrichtungen und Honorarprofessor für Psychotherapie und Psychoanalyse an der HfBK in Dresden. Er ist Mitglied verschiedener wissenschaftlicher Gremien, Herausgeber der Schriftenreihe »Analytische Psychologie C. G. Jungs in der Psychotherapie« bei Kohlhammer und Redaktionsmitglied der Zeitschrift »Analytische Psychologie«. Von ihm liegen zahlreiche Fachbücher vor. Dabei liegt sein wissenschaftlicher Schwerpunkt neben der Analytischen Psychologie vorwiegend auf der therapeutischen Arbeit im Umfeld von Tod und Sterben sowie dem Verhältnis der therapeutischen Schulrichtungen. In Ingolstadt ist er in privater Praxis für Psychotherapie und Supervision tätig.

Ralf T. Vogel

Existenzielle Themen in der Psychotherapie

2., aktualisierte Auflage

Verlag W. Kohlhammer

Dieses Werk einschließlich aller seiner Teile ist urheberrechtlich geschützt. Jede Verwendung außerhalb der engen Grenzen des Urheberrechts ist ohne Zustimmung des Verlags unzulässig und strafbar. Das gilt insbesondere für Vervielfältigungen, Übersetzungen und für die Einspeicherung und Verarbeitung in elektronischen Systemen.

Pharmakologische Daten verändern sich ständig. Verlag und Autoren tragen dafür Sorge, dass alle gemachten Angaben dem derzeitigen Wissensstand entsprechen. Eine Haftung hierfür kann jedoch nicht übernommen werden. Es empfiehlt sich, die Angaben anhand des Beipackzettels und der entsprechenden Fachinformationen zu überprüfen. Aufgrund der Auswahl häufig angewendeter Arzneimittel besteht kein Anspruch auf Vollständigkeit.

Die Wiedergabe von Warenbezeichnungen, Handelsnamen und sonstigen Kennzeichen berechtigt nicht zu der Annahme, dass diese frei benutzt werden dürfen. Vielmehr kann es sich auch dann um eingetragene Warenzeichen oder sonstige geschützte Kennzeichen handeln, wenn sie nicht eigens als solche gekennzeichnet sind.

Es konnten nicht alle Rechtsinhaber von Abbildungen ermittelt werden. Sollte dem Verlag gegenüber der Nachweis der Rechtsinhaberschaft geführt werden, wird das branchenübliche Honorar nachträglich gezahlt.

Dieses Werk enthält Hinweise/Links zu externen Websites Dritter, auf deren Inhalt der Verlag keinen Einfluss hat und die der Haftung der jeweiligen Seitenanbieter oder -betreiber unterliegen. Zum Zeitpunkt der Verlinkung wurden die externen Websites auf mögliche Rechtsverstöße überprüft und dabei keine Rechtsverletzung festgestellt. Ohne konkrete Hinweise auf eine solche Rechtsverletzung ist eine permanente inhaltliche Kontrolle der verlinkten Seiten nicht zumutbar. Sollten jedoch Rechtsverletzungen bekannt werden, werden die betroffenen externen Links soweit möglich unverzüglich entfernt.

2., aktualisierte Auflage 2020

Alle Rechte vorbehalten
© W. Kohlhammer GmbH, Stuttgart
Gesamtherstellung: W. Kohlhammer GmbH, Stuttgart

Print:
ISBN 978-3-17-036547-6

E-Book-Formate:
pdf: ISBN 978-3-17-036548-3
epub: ISBN 978-3-17-036549-0
mobi: ISBN 978-3-17-036550-6

Inhalt

Vorbemerkungen 7

1. Vorlesung
Begriffsbestimmungen 11
    Die Existenz als Grundlage 11
    Psychotherapie als existenzielle Praxis? 22

2. Vorlesung
Die Therapieschulen und ihre Berücksichtigung des Existenziellen 25
    Verhaltenstherapie und das Existenzielle 26
    Klassische Psychoanalyse und das Existenzielle .. 31
    Die Spezialisten 34

3. Vorlesung
Existenzielle Themen ... und was die Therapieschulen uns dazu zu sagen haben 52
    Freiheit – Die Voraussetzung von Therapie
    und authentischem Leben 55
    Sinn – Die Frage nach dem Warum und Wozu 61
    Einsamkeit – Das letztendliche Getrennt-Sein 68
    Tod – Das alles Existenzielle enthaltende
    Menschheitsthema 73

4. Vorlesung
Generelle Konsequenzen für die Therapie 81
    Allgemeine Überlegungen zum Existenziellen
    in der Psychotherapie 81
    Unlösbarkeit und Aporetik 89
    Die »existenzialisierende Einstellung« 91
    Die Wertschätzung der Krise 93
    Die Sicherheit 96
    Die »existenzielle Anamnese« 97
    Das existenzielle Lebensalter – Psychotherapie
    im höheren Alter 98
    Das existenzielle Paar – Aspekte der Paartherapie 100

5. Vorlesung
Therapeutische Methoden 103
    Vorbemerkungen 103
    Die drei grundlegenden Haltungen 104
    »Die Vor-Therapie« 108
    Die Konsequenz aus der Wertschätzung des Existen-
    ziellen – Finalität (als therapeutische) Prozesstheorie 110
    Spezifische Methoden 114

Schlusswort 123

Anhang 125
    Anglo-amerikanische Ansätze 125
    Existenzielles im Netz 126

Literatur 127

Stichwortverzeichnis 137

Personenverzeichnis 139

Vorbemerkungen

Psychotherapie wird im modernen akademischen Diskurs bestimmt von quantitativ-statistischen Forschungsdesigns und neuropsychologischen Überlegungen. Aus dem Auge gerät hierbei nicht selten der reiche Wissensfundus kultur- und geisteswissenschaftlicher, vor allem aber auch philosophischer Disziplinen, die sich oft seit Jahrtausenden mit genau den Themen auseinandersetzen, denen auch die Psychotherapeuten in ihrer Praxis begegnen. Der »Gegenstand« psychotherapeutischer Bemühungen ist unter dieser Perspektive eben nicht eine umgrenzte Symptomkonstellation und ihr Niederschlag im Gehirn, sondern Psychotherapie befasst sich mit einem leidenden menschlichen Individuum, das als Ganzes in seiner Not gesehen werden will und sich der Reduktion seines Leidens auf operationalisierbare Symptome immer wieder widersetzt.[1] Gleichzeitig beeinflusst »eine erhöhte Sensibilität für existenzielle Fragen (…) das Wesen der Beziehung zwischen Therapeut und Patient enorm und wirkt sich auf jede einzelne therapeutische Sitzung aus«[2], ist also hochrelevant für die in der modernen Psychotherapieforschung (wieder) an prominente Stelle gerückte Reflexion der therapeutischen Beziehungsanalyse. Auch innerhalb der Psychiatrie gibt es inzwischen Bestrebungen, die prinzipiell in helfenden Berufen nicht mehr zu ignorierende Omnipräsenz existenzieller Fragestellungen anzuerkennen. So meint etwa der Züricher Psychiatrieprofessor Daniel Hell, er habe erkannt, »dass es zwar gelingt mit Medikamenten und psychotherapeutischen Techniken bestimmte Krankheitssymptome wie Depression oder Panik zu lindern. Mit diesen Verfahren allein sehe ich

---

1 Vogel, 2009, S. 593
2 Yalom, 2002, S. 11

mich aber außerstande, existenziellen Nöten meiner Patienten zu begegnen.«[3]

In einer eigenen Studie aus dem Jahr 2011 geben nur 25 % der befragten Psychotherapeuten auf Palliativstationen an, sich durch ihre Ausbildung sehr gut oder gut auf die dort anstehenden Aufgaben vorbereitet zu fühlen. Hier wird ein auch durch die überblickshafte Sichtung der Curricula anerkannter psychotherapeutischer Ausbildungsinstitute eindrücklicher »Neglect« existenzieller Themen, hier vor allem des Todesthemas, deutlich. Diesem Trend möchte das vorliegende Buch entgegenwirken.

Im Rahmen der zur Debatte stehenden existenziellen Themen sind es im modernen Denken nicht nur, aber hauptsächlich die Existenzialisten, die sich diese, den Menschen konstituierenden Seinsbereiche zum Thema machten. Dieser Denkschule gilt daher die besondere Aufmerksamkeit, ohne dass die »Lösungen«, die der Existenzialismus für die Grundthemen des Menschseins vorschlägt, damit propagiert werden sollen. Trotzdem werden diese immer wieder aufgezeigt, um sie dem vorherrschenden Denkduktus der modernen Psychotherapie entgegenzusetzen oder auch kompensierend hinzuzufügen. Die Grundthesen des Existenzialismus widersetzten sich schon immer dem vorherrschenden Zeitgeist, wurden von den Kommunisten verfemt und von der katholischen Kirche auf den Index der verbotenen Bücher gesetzt. So eignen sie sich in der Psychotherapie ebenfalls zur Infragestellung überlieferter und aktuell nunmehr wenig reflektierter Ansichten. Vor allem der französische Existenzialismus entwickelte nicht nur abstrakte philosophische Ideen, sondern bemühte sich beständig auch um deren Umsetzung in Theorien der konkreten Handlung. Eben diese Eigenschaft macht ihn zu einer wertvollen Fundgrube nützlicher Einsichten auch für Psychotherapeuten.

Dieses Buch ist aus dem inzwischen bereits seit mehreren Jahren anlässlich der Lindauer Psychotherapiewochen gehaltenen Seminar zum gleichen Thema hervorgegangen[4]. Der Inhalt des Seminars wurde nur

---

3 Hell, 2013, S. 130
4 Dieses Buch stellt eine grundlegend überarbeitete und erweiterte Fassung der Vorlesungen dar, die der Autor zum gleichen Thema im Rahmen der Lin-

unwesentlich an einigen Stellen erweitert, und die Literaturangaben wurden ergänzt. Die durchgehend männliche Schreibweise ist der leichteren Lesbarkeit geschuldet und wird hoffentlich verziehen. Das Schreiben und Sprechen über philosophische Themen wird, auch im Bereich der Psychotherapie, leicht zu abstrakt und entfernt sich dann vom direkten Erleben hinein in rein kognitiv-intellektuelle Betrachtungen. Den vier hier in den Vordergrund gestellten grundlegenden existenziellen Themenbereichen wird, um dem vorzubeugen, jeweils eine kleine Übung zur Selbstexploration hinzugefügt.

Seit dem Erscheinen der ersten Auflage dieses Bandes hat sich in Bezug auf die Beachtung existenzieller Themen in Psychiatrie und Psychotherapie einiges getan. Die Themen finden glücklicherweise zunehmend Eingang in Aus- und Weiterbildungspläne und auch einige beachtenswerte Veröffentlichungen sind hinzugekommen, Letzteres übrigens therapieschulübergreifend und interessanterweise oft in Verbindung mit Arbeiten über die Rolle von Spiritualitäten im therapeutischen Handeln.[5]

Im Aufbau folgt das Buch weitgehend der fünftätigen Lindauer Seminarreihe, wobei die jeweiligen Vorlesungen sich ergänzen, durchaus aber auch einzeln herausgegriffen werden können. Am Ende des entsprechenden Kapitels finden sich einige Literaturvorschläge, wenn eines der gerade angerissenen Themen und das damit verbundene »… existenzielle Schwindelgefühl durch die unabweisbare Einsicht in die Ungewissheit des Lebens …« (Woody Allen) einer weiteren persönlichen Vertiefung bedarf.

Literatur zum Weiterlesen

Wallace DF (2012) Das hier ist Wasser. Anstiftung zum Denken

---

dauer Psychotherapiewochen 2012 gehalten hat (www.auditorium-netzwerk.de).
5 Utsch u. a., 2018

1. Vorlesung
Begriffsbestimmungen

In diesem Eingangskapitel sollen abrissartig die im Titel des Buches angeführten Kerntermini, Existenz und Psychotherapie, nacheinander in ihren zentralen Bestimmungsbereichen dargestellt werden, um einen ersten vereinigenden Zugang vorzubereiten.

Die Existenz als Grundlage

Schon die Begriffsbestimmung der zentralen und in der Alltagssprache so unbedarft benutzten Termini »Existenz« bzw. »existenziell« gestaltet sich bei genauer Betrachtung als nicht gerade einfach. Alltagssprachlich meint existenziell etwas wie finanzielle Not, Obdachlosigkeit etc. Die Krankenschwester und »Mutter der Pflegewissenschaften«, Monika Krohwinkel, formulierte 1984 die »Aktivitäten und existenziellen Erfahrungen des Lebens (ABDEL) und fasste darunter Bereiche wie »Sich bewegen können, »Sich pflegen können«, »Sich beschäftigen können« oder Soziale Bereiche des Lebens sichern können«[6]. Philosophisch, und hier betreten wir dann auch den engeren Bereich der Psychotherapie, ist an dieser Stelle vor allem die Abgrenzung des lateinischen »existe« vom Komplementärbegriff »esse«anzuführen. Im 4. Jahrhundert unterschied der Philosoph Marius Victorinus das Wesen der Dinge, das er »Essentia« nannte, vom Vorhandensein der Dinge, das er mit »Existentia« bezeich-

---

6 Krohwinkel, 2013

nete. Seitdem bestimmt diese Dichotomie die abendländische Philosophie maßgeblich mit, nicht ohne dass es auch zu Vermischungen der beiden Begriffe gekommen wäre. Vor diese Zeitperiode fällt bereits das Leben des bisweilen als »proto-existenziellen Psychotherapeuten«[7] bezeichneten Philosophen Epikur (341–270 v. Chr.), der wichtige Grundlagen der späteren existenzialistischen Philosophie vorwegnahm.

Die der deutschen Sprache zugehörigen schwierigen Begriffe wie das »Seiende« (als das zeitlich und räumlich bestimmbare) oder das (auf sich selbst bezügliche) Sein oder »Dasein« tragen nicht unbedingt zu einer Begriffsklärung bei, werden sie doch von den einzelnen Philosophen höchst unterschiedlich gefasst und z. T. komplex verklausuliert. Wir können also zusammenfassen, dass es notwendig ist, zunächst den vom jeweiligen Autor mit dem Begriff Existenz gemeinten Bedeutungsraum zu erfassen, um seine Gedanken nachvollziehen zu können, und wir auf keine allgemeingültige und von allen philosophischen und wissenschaftlichen Denkrichtungen akzeptierte Definition zurückgreifen können. Am breitesten und für den Anfang ausreichend, meint der jüdisch-katholisch-existenzialistische Philosoph Landsberg, sei »... die existenzielle Philosophie, ... die Philosophie, in der der Mensch sein eigenes Menschsein zu begreifen sucht«[8].

Auch die sich in den Lehrbüchern der abendländischen Philosophie unter dem Begriff Existenzialismus versammelnden Denker sind nicht leicht unter sie alle gleichermaßen charakterisierende Überschriften zu fassen. Viel zu heterogen ist ihre Art zu denken und zu schreiben, teilweise äußerst kompliziert und teilweise auch widersprüchlich ist der Aufbau ihrer Denkgebäude, und enorm unterschiedlich sind die einzelnen Persönlichkeiten. Vor allem aber eint sie eine fast pathetische, manchmal gar messianische Sicherheit, sich nun endlich mit dem zu befassen, was den Menschen erst wirklich zum Menschen macht. »Mit dem Titel ›Philosophie der Existenz‹ wird im 20. Jahrhundert das Denken von Philosophen bezeichnet, die nur das eine gemeinsam haben, dass es ihnen um den Menschen, und zwar als Individuum, und um sein Leben, sein ›Dasein‹ geht und dass sie diesem Vorrang vor allem

---

7 Yalom, 2008, S. 10
8 Landsberg, 1935/2009, S. 57

anderen geben. Die Existenz, also *dass* etwas ist, geht der Essenz, dem Wesen der Dinge (*was* etwas ist), grundsätzlich voraus, wie Sartre in seinem Grundwerk ›Der Existenzialismus ist ein Humanismus‹ darlegt[9]. Dabei gilt es, nicht das, was allen Menschen gemeinsam ist, zu bestimmen, sondern das Individuum, der Einzelne, steht im Mittelpunkt des Interesses, denn diesem geht es um sich selbst in seiner Einmaligkeit, Unvergleichlichkeit und Unverwechselbarkeit«.[10] Wir hören hieraus schon das Credo aller idiosynkratisch, d. h. auf das jeweils einzelne Individuum bezogenen Erkenntnistheorien heraus (Idiosynkrasie = Selbst-Eigenheit) und stellen so bereits zu Beginn die Weichen in Richtung einer bestimmten, eben nicht primär am Gruppenvergleich interessierten Psychologie. Denn »Die Existenzphilosophie ist emphatische Philosophie des Einzelnen ... Nur wer gelernt hat, ein Einzelner zu sein, hat gelernt zu leben.«[11]

Überhaupt bedeutet die Orientierung am Existenziellen auch eine erkenntnistheoretische Vorentscheidung: Martin Heidegger hat vor allem in seinen in den 20er Jahren gehaltenen Vorlesungen die Hermeneutik als grundlegend für den Zugang zum Menschlichen, ja als ein »Existenzial« gesehen. Das Dasein ist per se hermeneutisch, ist ein eigentliches Verstehen-Wollen und gehört unauflösbar zur »sorgenden« Grundverfasstheit des Menschen. Deutung sieht er als der Erntearbeit analoge »Auslese«-Arbeit. Diese sehr spezielle und differenzierte Betrachtung von Hermeneutik, aber auch die anderen im philosophischen Diskurs entstandenen Hermeneutiken bilden sowohl das erkenntnistheoretische als auch das methodologische Grundgerüst einer wirklichen Zugangsweise zum Individuum. Ihnen wird die Nomothetik bzw. Numerik (die manchmal wie eine Numerologie anmutet), also der Versuch des Vermessens und mathematischen Zugangs zum Wesen des Menschen, maximal als Hilfswissenschaft zugeordnet.

---

9 Sartre, 1946
10 Mader, 2005, S. 334
11 Marquard 2013, S. 12

1. Vorlesung: Begriffsbestimmungen

Die folgende Auflistung nennt die wichtigsten Denker der existenzialistischen philosophischen Schulrichtung:

- Sören Kierkegaard (1813–1855),
- Karl Jaspers (1883–1969),
- Martin Heidegger (1889–1976),
- Jean-Paul Sartre (1905–1980),
- Simone de Beauvoir (1908–1986),
- Albert Camus (1913–1969).

Dabei ist der Erstgenannte, der dänische Philosoph Sören Kierkegaard, zum einen als »Urvater« der zentralen existenzialistischen Ideen – er führte den Begriff der »Existenz« in die neuere Philosophie über –, zum anderen aber gleichzeitig als Sonderfall zu betrachten, sieht er doch viele christliche Glaubensinhalte keinesfalls im Widerspruch zu seinen Gedanken. In dieser Nachfolge steht für die katholische Seite vor allem der französische Philosoph und Theaterautor Gabriel Marcel (1889–1973) und als evangelischer Theologe der deutsche, 1933 nach Amerika emigrierte Paul Tillich (1886–1965).

Vergleichen wir die Lebensdaten der Existenzphilosophen mit denen der ersten großen Psychoanalytiker, Sigmund Freud (1856–1939) und Carl Gustav Jung (1875–1961), so sehen wir, dass Psychoanalyse und Existenzialismus durchaus der gleichen abendländischen Denkepoche entspringen und schon allein deshalb aufeinander bezogen werden müssen.

Es gibt eine lange Geschichte der »Ikonographie des Leidens«[12] im künstlerischen Schaffen. Existenzialistische Ideen finden sich in allen möglichen Kulturbereichen, etwa in der Literatur oder den Bildenden Künsten. Sartre selbst nutzte die Darstellung des Kunstschaffens, um sein zentrales Prinzip der freien Wahl zu erläutern[13] und weist auf den existenziellen »Appellcharakter« des Kunstwerks hin[14]. Hier sind z. B. der

---

12 Sontag, 2010
13 Sartre, 1994, S. 135ff.
14 Flynn, 2007

bayrische Maler und Bildhauer Franz von Stuck (1863–1928) (▶ Abb. 1) oder der Leipziger »Universalkünstler« Max Beckmann (1884–1950) oder auch Edward Munch zu nennen (eine gewisse Verbindung zwischen Expressionismus und Existenzialismus ist nicht zu leugnen), in deren Werken Grundthemen einer existenzialistischen Weltbetrachtung deutlich werden. Überhaupt eignet sich eine »rezeptive Kunsttherapie«, also das Betrachten von Bildern, sehr, um die oft schwierig versprachlichbaren existenziellen Themen und erst recht die mit ihnen verbundenen Gefühlsschattierungen kommunikabel zu machen. Dazu gehört auch das Finden gemeinsamer Kommunikationsmittel, etwa in der Kommunikation über das Kunstwerk.

Abb. 1: »Sisyphus«, 1920, Gemälde von Franz von Stuck (1863–1928), Privatsammlung.

1. Vorlesung: Begriffsbestimmungen

Viele existenzialistische Philosophen, vor allem Sartre und Heidegger (Letzterer wird zwar allgemein der Existenzialphilosophie zugerechnet, setzte sich selbst allerdings davon immer wieder ab), in einiger Weise aber auch Jaspers, beziehen sich auf die Phänomenologie (griech. *phainómenon* »Sichtbares, Erscheinung«; *lógos* »Rede, Lehre«) als Grundlage und Ausgangspunkt ihres eigenen Denkens. Dies meint einen Ansatz, der »in den Kategorien der Weltlichkeit, der Räumlichkeit, der Intersubjektivität und des In-der-Welt-Seins die grundlegenden Weisen der Existenz«[15] erkennt. Er steht bekanntlich auch Pate für psychologische und vor allem psychoanalytische Erkenntnisgrundlagen und soll daher hier kurz genannt werden. Die Phänomenologie wurde von Edmund Husserl (1859–1938) begründet, und sie postuliert, echte Erkenntnisse könnten nur aus den *unmittelbaren* Erscheinungen entwickelt werden. Eine interessante Weiterentwicklung finden wir u. a. bei dem jüdischen Philosophen V. Flusser und seiner »existenziellen Phänomenologie« (2011).

Der Psychiater, Philosoph und Psychoanalysekritiker Karl Jaspers beschreibt eine »Psychopathologische Phänomenologie«, in der er die Phänomenologie sowohl als grundlegende Erkenntnistheorie in der forscherischen Betrachtung des Psychischen, aber auch als konkrete Methodik darstellt, die nah am sichtbaren Phänomen selbst bleibt und Interpretationen und Theorien vorsichtig einsetzt. Viele der philosophischen Erkenntnisse von Jaspers können unmittelbar auf psychotherapeutische Belange »heruntergebrochen« werden, wie etwa der Psychologe und Logotherapeut F. A. Gebler in seinem einschlägigen Buch zur »existenziellen Perspektive in der Psychotherapie« eindrücklich aufzeigt.[16]

»Der Analytiker muss sich dem Patienten auf phänomenologische Weise nähern; d. h. er oder sie muss in die Erfahrungswelt des Patienten eintreten und auf die Phänomene in dieser Welt, ohne die Vorannahmen, die das Verständnis verzerren, achten«, meint folgerichtig der »existenzielle Psychotherapeut« Irvin Yalom[17], auf den später noch zurückzukommen sein wird, und auch C. G. Jung ist in dieser Hinsicht eindeutig, wenn er meint, »Theorien gehören im Gebiete der Psychologie zum

---

15 Fuchs, 2013, S. 124
16 Gebler, 2009
17 Yalom, 1980/2002, S. 29

Allerverheerendsten. Wir bedürfen zwar gewisser theoretischer Gesichtspunkte um deren orientierenden und heuristischen Wertes willen. Aber sie sollen stets als bloße Hilfsvorstellungen gelten, die man jederzeit zur Seite legen kann«[18]. Ähnliche phänomenologisch-behandlungstechnische Grundideen finden wir z. B. auch bei Sigmund Freuds »Gleichschwebender Aufmerksamkeit« oder Winfried Bions »No memory no desire«-Forderung. Auch die erwähnte Betonung des Hermeneutischen, etwa bei Heidegger zu einer ganzen Theorie der Auslegung avanciert, stellt eine wichtige theoretische Grundlage für die psychotherapeutische Forschung und Praxis dar.[19] Wir sehen bei diesen einzelnen Themen bereits eine große erkenntnistheoretische Nähe zwischen weiten Teilen existenzialistischer Philosophie und wichtigen Ansätzen der Psychotherapie. Überhaupt ist von einer Reihe sehr psychotherapierelevanter Einsichten der existenzialistischen Denkweise auszugehen (▶ Kasten 1), die, wie wir sehen werden, von den verschiedenen therapeutischen Schulrichtungen in unterschiedlichem Maße und in verschiedener Art und Weise aufgegriffen und umgesetzt werden. Die dazu in Beziehung stehenden psychologischen Begriffe wären vor allem Ich, Ichkomplex, Ichfunktion, Identität, aber auch Selbst oder gar »Ganzheit«.

Zentrale Bestandteile psychischen Leids, wie etwa das Grübeln über den, wie die Existenzialisten meinen, eigentlich nicht auffindbaren Sinn des Lebens, oder diverse spezifische und unspezifische Ängste werden hier als Konsequenz der schonungslosen Betrachtung der eigenen Existenz aufgefasst und so quasi »philosophiert«. Auf die konstituierende Bedeutung der menschlichen Wahlfreiheit weisen Jean Paul Sartre und seinen Denkduktus weiterentwickelnd dann vor allem seine Lebensgefährtin Simone de Beauvoir (1908–1986) (▶ Abb. 2) hin. Diese schreibt sein Werk u. a. in Richtung auf die freie oder eben unfreie Wahl der (weiblichen) Geschlechterrolle innerhalb der vorherrschenden Gesellschaftsordnung fort. In ihrem Monumentalwerk, der oft als »Bibel des Feminismus« bezeichneten Schrift »Das andere Geschlecht«[20], nimmt sie gleichsam die Geschlechtsrollenwahl der Frau zum Prototyp freier Entscheidung.

---

18 Jung, 1938, S. 16
19 Vogel, 2012
20 Beauvoir, 1992

> **Kasten 1: Psychotherapierelevante Einsichten des Existenzialismus**
>
> - Das menschliche Dasein ist ein Seiendes (Seiendes: Tatsachen, Gegenstände, zeitlich und räumlich bestimmbar), das sich immer auch zu sich selbst verhält (Heidegger).
> - Existenzielle Themen können nicht gelöst, sondern müssen getragen werden.
> - Der Mensch ist stets in Sorge um sein Sein und dessen Zeitlichkeit bzw. Endlichkeit (Sartre).
> - Der Mensch beherrscht das »Sich-Vorausdenken-Können«, das »sorgende« Fertigen eines Zukunftsentwurfes von sich mit Einbeziehung der Endlichkeit (Heidegger).
> - Durch die vorweggenommene Endlichkeit drohen Angst (Existenzangst) und Sinnlosigkeit
> - Nichts ist vorbestimmt, alles ist Folge meiner eigenen Wahl. Aber wähle ich eine Alternative (Sartres »Seinsentwurf«), vernichte ich die anderen.
> - Meine Identität ist unbestimmt und frei flottierend wählbar.
> - Der Mensch ist einerseits »zur Freiheit verurteilt« (Sartre), andererseits in sein konkretes Dasein »geworfen« (Heidegger).
> - Wir sind nur oder zumindest vor allem durch den Blick des anderen existent (Sartre), dieser lenkt unseren Seinsentwurf und führt u. U. zur Neurose.

Diese radikale Freiheitsidee (s. u.), aber auch andere zentrale existenzialistische Einsichten wie etwa die Tatsache eines mit dem Lebensende unaufhaltsam näher rückenden Nichts erzeugen notwendigerweise Angst und Verzweiflung, aus der heraus Entwicklung geschieht. »Das ewige Nichts ist o. k., wenn man entsprechend gekleidet ist«, bekundet dann auch der wichtigste existenzialistisch inspirierte zeitgenössische Künstler Woody Allen[21] und meint damit, die Erkenntnis des Nichts kann bewältigt und eventuell sogar positiviert werden. Diese Wendung der oft düs-

---

21 Allen, 1994, S. 42

Die Existenz als Grundlage

Abb. 2: Simone de Beauvoir (1908–1986); Porträtaufnahme 1945 von Denise Bellon, © akg-images/Denise Bellon.

teren Grundannahmen des Existenzialismus in positive »Werte« ist quasi die Spezialität von Albert Camus (▶ Abb. 3) (sich selbst bezeichnete Camus nie als Existenzialisten), der mit Blick auf seinen zentralen Gegenstand, die durch die existenziellen Parameter unseres Daseins erzeugte Absurdität, meint: »Es gibt nur ein wirklich ernstes philosophisches Problem. Den Selbstmord. Sich entscheiden, ob das Leben es wert ist, gelebt zu werden oder nicht, heißt auf die Grundfrage der Philosophie antworten.«[22] Und wir könnten hinzufügen: auch der Psychotherapie! Das *Absurde* entsteht durch die Diskrepanz dessen, was wir vom Leben erwarten und dessen »tatsächlicher Indifferenz und Vernunftlosigkeit«[23]. Auch das sinnlose Leben muss und kann allerdings in Verantwortung geführt werden. Das Absurde muss anerkannt werden, und es darf revoltiert/sich aufgelehnt werden, so Camus in seinem zentralen, 1942 verfassten Werk, dem »Mythos des Sisyphos«[24]. *»Ich empöre mich, also bin ich«* ist sein Wahl-

---

22 Camus, 2011, S. 15
23 Galle, 2009
24 Camus, 1942/2011

spruch, und die Konsequenzen dieser Empörung sind eine »permanente Revolte« mit wahrem Engagement und echter Solidarität. Im Gegensatz zur marxistischen gesellschaftlichen Revolution schwebte dem Literaturnobelpreisträger von 1957 eher eine »mittelmeerische« Variante vor, die auch stark die positiven Aspekte menschlicher Beziehungen mit einbezog und die schließlich auch zum Bruch mit Sartre beitrug. »Wenn es etwas gibt, das man immer ersehnen und manchmal auch erhalten kann, so ist es die liebevolle Verbundenheit mit einem Menschen«, meint er in seinem 1947 erschienenen Roman »Die Pest«[25] (1980) und nahm damit bereits die für die moderne Sicht der psychotherapeutischen Beziehung so zentrale Verbundenheitsterminologie voraus (▶ 5. Vorlesung).

Abb. 3: Albert Camus (1913–1960); Aufnahme von 1957, © akg-images/TT News Agency.

---

25 Camus, 1947/1980

Heidegger nennt in seinem 1927 verfassten Hauptwerk »Sein und Zeit« als existenzialistische Grundtugend die »Entschlossenheit«, die den Menschen aus der »Uneigentlichkeit« befreien könne. Und der moderne Philosoph Peter Bieri, der, ganz im Stil der Existenzialisten (unter dem Pseudonym Pascale Mercier) zentrale philosophische Botschaften in Romanform vermittelt, ergänzt hierzu als dritten Faktor die »Loyalität«, die er als »Parteinahme der Seele«[26] definiert und die aus seiner Sicht wichtiger erscheint als die vergängliche und dem direkten Zugriff des Willens entzogene Liebe.

An dieser Stelle werden allerdings bereits zwei zentrale Gegensätze zur Metapsychologie der klassischen Psychoanalyse deutlich. Im Gegensatz zum unbedingten Freiheitspostulat gilt bei ihr doch Freuds Vorstellung, dass das Ich, das Bewusstsein mit all seinen Funktionen, eben nicht »Herr im eigenen Haus« sei, der Mensch also konstitutionell nicht völlig frei denken und handeln könne. Die damit verbundene Wertschätzung des Unbewussten ist, beginnend mit Sartres frühem Diktum »(D)er Mensch ist nichts anderes als das, wozu er sich macht«[27], ebenso in den existenziellen Schriften kaum oder gar nicht auffindbar.

Tiefenpsychologie, definitionsgemäß diejenige psychologische Schulrichtung mit der expliziten Berücksichtigung der menschlichen Tiefe, definiert diese Tiefe als das lebensgeschichtlich Anfängliche, Verdrängte, Unbewusste, wohingegen existenziell inspirierte Psychologie das Tiefe als das dem Menschen *Grundlegende*, ihn Konstituierende betrachtet. Anzumerken ist hier allerdings bereits, dass C. G. Jung durch die Betrachtung auch phylogenetischer Tiefenschichten auf diesem Weg auch das *Grundlegende* (darunter dieselben Themen wie im Existenzialismus) fokussiert und hier eine breite Schnittmenge besteht (s. u.).

---

26 Mercier, 2008
27 Sartre, 1994, S. 121

1. Vorlesung: Begriffsbestimmungen

Psychotherapie als existenzielle Praxis?

Zum Abschluss unserer den Grundbegriffen gewidmeten ersten Vorlesung haben wir nun die existenziellen Aussagen der genannten Philosophen mit unseren Begriffen von Psychotherapie in Bezug zu bringen. Dabei gilt heute Psychotherapie *(psyche,* altgriech.: Psyche, Seele, Atem, Lebensprinzip; *therapeuein,* altgriech: behandeln, bewachen) vor allem in der Art, wie sie z. B. vom bundesdeutschen Wissenschaftlichen Beirat definiert wird:

»Psychotherapie ist die Behandlung von Individuen auf der Basis einer Einwirkung mit überwiegend psychischen Mitteln. Die Definition wissenschaftlicher Psychotherapie fordert eine Reihe von weiteren Bedingungen, z. B. das Anstreben der positiven Beeinflussung von Störungs- und Leidenszuständen in Richtung auf ein nach Möglichkeit gemeinsam erarbeitetes Ziel (z. B. Symptomminimalisierung und/oder Strukturveränderungen der Persönlichkeit), sowie einen geplanten und kontrollierten Behandlungsprozess, der über lehrbare Techniken beschrieben werden kann und sich auf eine Theorie normalen und pathologischen Verhaltens bezieht. Wissenschaftliche Psychotherapie sollte als Heilbehandlung im Rahmen des jeweiligen Gesundheitssystems zu bestimmen sein« (Wissenschaftlicher Beirat Psychotherapie).

In dieser und ähnlichen Definitionen hat die Psychotherapie den ihr ursprünglich zugedachten Gegenstand, die menschliche Seele, die dann auch die Schnittstelle zur Philosophie darstellte, verlassen und ist medizinische (Teil-)Disziplin geworden. Noch 1890 definierte Freud: »Psychische Behandlung ist demnach Seelenbehandlung (…), Behandlung von der Seele aus, Behandlung – seelischer oder körperlicher Störungen – mit Mitteln, welche zunächst und unmittelbar auf das Seelische des Menschen einwirken«[28]. Bekanntlich gab aber auch er im Laufe seiner Arbeiten den Seelenbegriff zugunsten der Psyche und ihres Apparates auf und bahnte so bereits die heutige Entwicklung an. C. G. Jung sah als Objekt der Psychotherapie die »gestörte Ganzheit des Menschen«, und definierte sie als »Behandlung des ganzen seelischen Men-

---

28 Freud, 1890, S. 289

schen«[29], und bis heute behalten wohl am ehesten jungianische Psychoanalytiker den Seelenbegriff, wenn auch durchaus kritisch, im Auge: »Ich kann es kaum verschleiern, dass wir Psychotherapeuten eigentlich Philosophen oder philosophische Ärzte sein sollten oder vielmehr sind, ohne es wahrhaben zu wollen, denn ein allzu krasser Unterschied klafft zwischen dem, was wir betreiben, und dem, was auf Hochschulen als Philosophie gelehrt wird«[30].

Spätestens seit dem Stoiker Epiktet wird Philosophie auch über ihre praktische Nutzbarmachung beurteilt. Trotz der Unterschiede zwischen einer »philosophischen Praxis« (s.u.) und einer Psychotherapie im eigentlichen Sinne lässt Letztere sich als genuin philosophische Disziplin darstellen. Wenn auch die Existenzialisten zum Seelenbegriff überhaupt keinen Bezug hatten, Existenz auch nicht im Geringsten mit der Seele gleichzusetzen ist und der Gegenstand der Psychotherapie in deren Sinn eben Existenz und nicht Seele wäre, so trifft sich ihre grundlegende Sicht der Anwendung philosophischer Grundtatsachen auf den Einzelmenschen doch mit der Vorstellung vieler Psychoanalytiker. Hingewiesen sei hierzu etwa auf Yaloms wohl einem überlieferten Ausspruch Thomas Manns folgender Definition von Psychotherapie als »klinischer Philosophie«[31] oder in Brandts treffender Bestimmung der Psychoanalyse als der »Fortsetzung des philosophischen Verstehenstriebes unter aufklärungsresignativen Bedingungen«[32], in der er implizit schon auf die Bedeutung des Unbewussten bei allem psychotherapeutischen Philosophieren hinweist. Jung[33] meint, Ziel der Psychotherapie sei es nicht, »den Patienten in einen unmöglichen Glückszustand zu versetzen, sondern ihm Festigkeit und philosophische (sic!) Geduld im Ertragen des Leidens« zu ermöglichen. Die Neurose wird so zu einer »metaphysischen Krankheit«, so der jungianische Psychotherapeut Wolfgang Giegerich[34], und Karl Jaspers warnt in seiner »Allgemeinen Psychopathologie«: »Wer meint, die Philosophie ausschalten und als belanglos

---

29 Jung, 1945, GW Bd. 16, § 199f.
30 Jung, 1943, GW Bd. 16, § 181
31 Yalom, 2005, S. 44
32 Brandt, 2012, S. 13
33 Jung, 1943, GW Bd. 16, § 185
34 Giegerich, 1999

beiseite lassen zu können, wird von ihr in ungeklärter Gestalt überwältigt«[35].

Der neben C. G. Jung zweite bedeutende »Dissident« aus dem Kreis um Freud, der Wiener Begründer der »Individualpsychologie«, Alfred Adler (1870–1937), meint 1933, die Psychologie »blieb eine harmlose Kunst, bis sich die Philosophie ihrer annahm«[36].

Bezieht man den in der modernen psychodynamischen Sicht auf Psychotherapie vorherrschenden Beziehungsaspekt des therapeutischen Handelns mit ein, wird dadurch noch die Sicht auf Psychotherapie als intersubjektive Philosophie, als »klinische Philosophie in Beziehung« eindrücklich.

Dieses Kapitel abschließend sei die Psychotherapie-Definition des existenziellen Philosophen und Psychiaters Karl Jaspers angefügt, der den Seelenbegriff zwar nutzt, dann aber doch eine wichtige Unterscheidung trifft. Er definiert in seinem Aufsatz »Wesen und Kritik der Psychotherapie«: »Psychotherapie heißen alle Behandlungsmethoden, die auf die Seele oder den Körper mit Mitteln wirken, die über die Seele führen«[37]. Im Fortlauf der Untersuchung unterscheidet er dann die »standardmäßige« psychotherapeutische Arbeit von der »existenziellen Kommunikation, die über alle Therapie, d. h. über alles zu Planende und methodisch zu informierende hinausgeht. Alle Behandlung ist dann aufgenommen und begrenzt durch eine Gemeinschaft von Selbst zu Selbst als Vernunftwesen, die aus möglicher Existenz leben«[38]. Dies erinnert an moderne psychotherapeutische Beziehungstheorien wie den Intersubjektivismus ebenso wie an den Begriff der »Schicksalsverbundenheit im Ewigen«[39] zwischen Patient und Therapeut von der Meisterschülerin Jungs, Marie Luise von Franz. Sie wird heute nicht mehr als der Therapie entgegengesetzt, sondern als diese grundlegend mitbedingend angesehen.

---

35 Jaspers, 1965, S. 643
36 Adler, 1933/2004, S. 40
37 Jasper, 1953, S. 7
38 ebenda, S. 27
39 v. Franz, 2002, S. 243

2. Vorlesung
Die Therapieschulen und ihre Berücksichtigung des Existenziellen

Kritisiert, geschätzt, der möglichst raschen Vernichtung preisgegeben: Therapeutische Schulrichtungen liegen bis heute im Widerstreit miteinander und bestimmen, wohl durchaus zu Recht, das Bild moderner Psychotherapie. Die Merkmale einer therapeutischen Schulrichtung (▶ Kasten 2) bauen stringent auf der zugrunde liegenden Philosophie, dem Menschenbild, der Weltanschauung, dem Basisparadigma, oder wie immer man den Boden des jeweiligen Denk- und Handlungsgebäudes nennen mag, auf.

Kasten 2: Strukturmodell therapeutischer Schulrichtungen[40]

- Darstellung des zugrunde liegenden anthropologischen Verständnisses und Bemühen um eine maximale Breite desselben (Philosophische Perspektive)
- Umfassende Aussagen zur Einbettung des Verfahrens in die aktuellen kulturell-gesellschaftlichen Verhältnisse (Soziologische Perspektive)
- Theorie der psychischen Störungen und deren Therapie (Krankheits- und Veränderungstheorie) (Psychopathologische Perspektive)
- Theorie des therapeutischen Geschehens (Prozess- und Beziehungstheorie, Wirkfaktorentheorie) (Psychologische Perspektive im eigentlichen Sinne)
- Wissenschaftlicher Nachweis der Quantität und Qualität ihrer Wirkung (Wirksamkeitsperspektive)

---

40 Vogel, 2003, S. 263

Wie nun berücksichtigen die Therapieschulen das »Existenzielle« in ihrer Theorie und Praxis? Es empfiehlt sich hierbei eine Aufteilung in die beiden »klassischen« Therapieschulen einerseits und die »Spezialisten« für Existenzielles andererseits.

Verhaltenstherapie und das Existenzielle

Viele Protagonisten der Verhaltenstherapie haben sich von den philosophischen Wurzeln der Psychotherapie entfernt, definieren ihre Therapierichtung als Naturwissenschaft und akzeptieren nur mathematisch-naturwissenschaftliche Forschungsmethoden. Der bekannte Hamburger Verhaltenstherapeut und Fachbuchautor Harlich H. Stavemann beschreibt »auch nach langjähriger Ausbildung in kognitiven Verfahren und Therapietechniken« eine Unvorbereitetheit »auf die lebensphilosophischen Fragen« der Patienten und stellt eine »gewaltige Lücke« fest, »die erst durch mühsames Auseinandersetzen mit und Reflektieren von relevanten Themen nach und nach zu füllen war«[41]. Er stellt einen eklatanten »Trainingsmangel« und vermeidende Einstellungen bezüglich philosophischer Themen fest und plädiert, als große Ausnahme seines Faches, für eine »Philosophische Wende« in seiner Disziplin[42].

Auf den ersten Blick erscheint auch eine Verbindung existenzialistischer Aspekte mit dem Mainstream verhaltenstherapeutischer Theorieentwicklung unvereinbar. Erkenntnistheorietisch widersprechen bereits die positivistischen Grundparadigmen und die daraus abgeleitete, auf ausschließlich statistisch-naturwissenschaftlichem Niveau begründete empirische Orientierung allen existenzialistisch-philosophischen Ansätzen grundlegend. Verhaltenstherapie ist in den sie dominierenden Hauptströmungen auch zunächst nicht idiosynkratisch orientiert, sondern interessiert sich, im Gegensatz zum Diktum des Existenzialis-

---

41 Stavemann, 2008, S. IX
42 Stavemann, 2002

mus, in erster Linie für das, was der Mensch mit anderen gemeinsam hat (statistische Gruppenvergleiche)! Jedoch, so stellen die beiden namhaften Verhaltenstherapeuten Noyen und Heidenreich fest, »… Tod, Freiheit, Isolation und Sinn zeigten sich dabei regelhaft auch in kognitiven Verhaltenstherapien, in denen ihnen aber nicht per se eine Bedeutung zukommt …«[43]. Und zutreffend weisen sie darauf hin, »… dass die Menschenbilder beider Ansätze zunächst sehr unterschiedlich erscheinen und eine Integration deshalb unseres Erachtens sehr vorsichtig erfolgen sollte«[44]. Dem steht auf den ersten Blick die kurze Darstellung einer »Existenziellen Verhaltenstherapie« des Heidelberger Psychologieprofessors Peter Fiedler[45] entgegen, einem der wichtigsten zeitgenössischen deutschsprachigen Autoren moderner kognitiver Verhaltenstherapie. Bei genauer Betrachtung muss dessen Nutzung des Terminus »existenziell« aber infrage gestellt werden, bezeichnet er doch alltagssprachlich z. B. Adoleszenz, Menopause, Umbrüche in der Familie, Wochenbett …[46] als »existenzielle Krisen« und schließt damit in keiner Weise an den existenzialistischen Diskurs an. Z. T. finden sich Formulierungen gar im Widerspruch zu diesem, z. B. wenn er den Fokus auf die *Lösung* der Krise[47] legt oder in einer technischen Darstellung verhaltenstherapeutischer Arbeit Existenzielles am Werke sieht, wenn etwa »die Beziehung zwischen Therapeut und Patient ins Stocken gerät« oder »eine Psychotherapie in eine existenzielle Krise *entgleitet*«[48]. Mehr im Sinne Sartres ist da schon Fiedlers Betonung der Mitwirkung und Widerspruchsmöglichkeit (Freiheit) der Patienten und sein abgestufter Vorschlag, 1. einer empathischen Sinndeutung durch den Therapeuten und 2. der Wiederherstellung von Autonomie und Verantwortung. Eine prägnante Zusammenfassung, wann und wie denn einige der existenziell-psychotherapeutischen Praktiken in primär störungsspezifische Behandlungskonzepte einzubauen sind, beschreibt der gleiche Autor jüngst erneut unter dem Blickwinkel der therapeutischen Beziehung. Hier werden Transparenz und Positivie-

---

43 Noyen u. Heidenreich, 2007, S. 122
44 ebenda, S. 123
45 Fiedler, 2010
46 ebenda, S. 373
47 ebenda, S. 374
48 ebenda, S. 392

rung, Akzeptanz möglicher Faktizität und die Suche nach einem Ausweg sowie Faktizität und unveränderliche, schicksalhafte Gegebenheiten als zentrale Denkfiguren benannt.[49]

Neben dieser in der verhaltenstherapeutischen Literatur sehr seltenen Bezugnahme auf Existenzielles postulieren Noyen und Heidenreich folgende Gemeinsamkeiten zwischen Verhaltenstherapie und den existenziellen, hier vor allem aber auf die logotherapeutische Richtung (s. u.) fokussierten Therapieformen[50]:

- »Störungsaufrechterhaltende Bedingungen« weisen eine große Nähe zu »daseinshinderlichen Bedingungen« auf.
- Ziel- und Werteklärung passen zusammen mit der »Intentionalität« der Logotherapie.
- Kognitive Verhaltenstherapie und Logotherapie kämpfen gegen »Hyperreflexion«[51].
- Arbeit gegen kognitive Grundannahmen entspricht logotherapeutischer Arbeit der »Einstellungsmodulation«.

Anzufügen ist hier tatsächlich, dass Viktor Frankl, der Begründer der Logotherapie (s. u.), sich zeitlebens über die geringe Wertschätzung seitens der Verhaltenstherapie, obwohl diese viele seiner Konzepte übernahm, ärgerte und diesen Ärger nicht selten auch öffentlich kundtat!

Sichtet man die moderne verhaltenstherapeutische Mainstream-Literatur im Überblick, so fällt jedoch primär auf »… wie in einem neuen Behaviorismus das Aushalten der Tragik und der individuellen Krise therapeutisch beschwichtigt und der existenzielle Schmerz der Seele palliativ sanft zugedeckt wird«[52]. Und doch bestätigen nicht unerhebliche Ausnahmen die Regel. So meinen etwa Luoma, Hayes und Walser: »Wir können als Menschen nicht leben, ohne vom Leiden berührt zu werden … Vielleicht ist es ein geradezu trauriger Umstand, dass das Streben nach Wohlgefühl oft im Zentrum der gesellschaftlichen Vor-

---

49 Fiedler, 2018
50 Noyen u. Heidenreich, 2007
51 Frankl, 1994
52 Schmidt-Glintzer, 2010, S. 162

stellungen über psychische Gesundheit steht ... Das Leugnen der Unvermeidbarkeit von Schmerz erzeugt viel Kampf und Leiden«[53]. Die von ihnen entwickelte Acceptance and Commitment Therapy (ACT)[54] »sei zwar ... in einem gewissen Sinne der kognitiv-behavioralen Therapie (KBT) zuzurechnen«[55], steht allerdings von ihrer gesamten Grundphilosophie außerhalb der allermeisten kognitiv-verhaltenstherapeutischen Ansätze und ist in diese kaum zu integrieren. Die angestrebte Akzeptanz innerer Erlebnisse (Gefühle und Gedanken) und ein engagiertes Verfolgen zuvor erarbeiteter Ziele erinnern an Sartres Vorstellungen von den unveränderlichen der existenziellen Bedingungen und der daraus folgenden Verpflichtung. Die »Kreative Hoffnungslosigkeit« der ACT macht auch deutliche Anleihen beim vom Existenzialismus als für die menschliche Entwicklung konstitutiv gesehenen Gefühl der Verzweiflung:

»Therapeutisch bezieht sich der Begriff darauf, dass der Therapeut das Empfinden der Vergeblichkeit des Kampfes, in den sich der Patient verstrickt hat, ebenso bestätigt wie die Tatsache, dass der Klient anfängt, sich völlig neuen Möglichkeiten zu öffnen ...«[56]

Trotz dieser hier nur beispielhaften Parallelen, die sicher noch erweitert werden könnten, gibt es in der ACT aber leider keinerlei ausgearbeiteten oder auch nur benannten Bezug zum Existenzialismus!

Weiteres Existenzielles in der Verhaltenstherapie findet sich in Marshall H. Lewis' »meaning driven cognitive therapy« mit den beiden Schritten, 1. Identifizierung von Sinnvollem/Bedeutungsvollem (meaningful), 2. Anwendung kognitiver Methoden.

Wir werden zudem fündig im »impliziten Existenzialismus« z. B. der primär verhaltenstherapeutisch orientierten Psychoonkologie: »Kampfgeist« etwa wird propagiert und »Alles liegt in den Händen Gottes« als dysfunktionaler »Fatalismus« gesehen[57], eine Sichtweise, die Jean Paul Sartre und Simone de Beauvoir sicher entsprochen hätte. Ein innovativer Ansatz wird neuerdings von dem logotherapeutisch orientierten Psy-

---

53 Luoma, Hayes u. Walser, 2007, S. 15ff.
54 Hayes et al., 1999
55 Luoma, Hayes u. Walser, 2007
56 ebenda, S. 59
57 z. B. Moorey u. Greer, 2007

chologen F. A. Gebler und dem Züricher Psychologieprofessor A. Maercker verfolgt, die versuchen, existenzielle Aspekte in ein kognitiv-verhaltenstherapeutisches, standardisiertes Schmerzprogramm einzubringen.[58]

Die beiden Verhaltenstherapeuten Alexander Noyon und Thomas Heidenreich[59], aus dem sozialarbeiterischen Kontext kommend, verfassten, ähnlich wie im vorliegenden Buch, ausgehend von den existenzphilosophischen Grundlagen und ihren ersten therapeutischen Vertretern eine anwendungsorientierte Schrift für Berater und Therapeuten, in der, jeweils anhand eines Fallbeispiels, die existenziellen Parameter in einer Praxissituation anschaulich dargestellt und mit einer Dos-and-Don'ts-Tabelle zusammengefasst werden. Dabei geben sie wertvolle Hinweise auf konkrete, meist kognitiv orientierte Interventionsformen, ohne aber die notwendige zugrunde liegende Haltung zu vernachlässigen. Anzumerken ist jedoch die von ihnen zur Sprache gebrachte »Indikationsfrage«. Sie sehen nicht, wie im vorliegenden Buch vertreten, die Beachtung existenzieller Themen als grundlegend für Psychotherapie überhaupt. Vielmehr nennen sie eine Art »Gegenstandskatalog«, der auf die Notwendigkeit einer existenziellen Sicht hinweise (Verlust eines geliebten Menschen, Bedrohung durch eine schwere Krankheit, auf der Suche nach einem tieferen Lebenssinn)[60].

In den bisher genannten verhaltenstherapeutisch ausgerichteten Zugängen zu existenziellen Themen blieben diese und auch die mit ihnen verbundenen philosophischen Ansätze meist eine Art »Fremdkörper« in der zugrundeliegenden kognitiv-behavioralen Welt- und Menschensicht. Ein erster vielversprechender Ansatz einer »integrativen Kognitiven Verhaltenstherapie bei existenziellen Problemen« kommt nun von Harlich H. Stavemann und Yvonne Hülsner, die zwar zunächst auch feststellen, dass »Verhaltenstherapeuten (…) existenzielle Themen aus Therapietheorie immanenten Gründen weitgehend ausgeklammert«[61] haben. Mit ihrem Ansatz, in der Tradition von Albert Ellis sowohl in die gängigen kognitiven Strategien als auch in die die Verhaltenstherapie nach wie vor

---

58 Gebler u. Maercker, 2012
59 Noyon u. Heidenreich, 2012
60 ebenda, S. 18
61 Stavemann u. Harlich 2019

konstituierende Makro- und Mikro-Analyse (SORK-Schema etc.) die existenzielle Thematik zu verankern und dabei einige Anleihen bei der bereits genannten ACT zu machen, können sie diesem Defizit jedoch eindrücklich begegnen. Die Möglichkeiten und Grenzen einer derartigen Integrationsarbeit werden hier sehr deutlich und es ist davon auszugehen, dass dieser moderne Ansatz, der sich zunächst nur auf die Todesangst und deren Umfeld bezieht, auch bei anderen existenziellen Themenstellungen gewinnbringend sein kann.

Klassische Psychoanalyse und das Existenzielle

Seit jeher besteht eine große Nähe zwischen Philosophie und Psychoanalyse. Stringent entwickelte Freud seine Denkweisen aus philosophischen Schulen der Antike, vor allem aber aus dem Denken Arthur Schopenhauers (1788–1860) und Friedrich Nietzsches (1844–1900) heraus. Bis heute ist Freud für moderne Philosophen wie etwa Peter Sloterdijk[62] immer wieder eine Referenzgröße, und auch die Psychoanalytiker legen umgekehrt ihr Instrumentarium an philosophische Themen an[63].

Im Gegensatz zur Verhaltenstherapie gibt es in der Literatur der Psychoanalyse auch immer wieder eingestreute Auseinandersetzungen mit existenzialistischen Grundpositionen, auch wenn sich deren Rezeption etwa im Vergleich zu Nietzsche[64] in Grenzen hält. Andererseits nehmen auch die Existenzialisten nicht selten Freud zum Ausgangspunkt ihrer, dann oft kritischen Überlegungen. Paradebeispiel hierfür ist Sartres Drehbuch-Versuch von 1959 für einen abendfüllenden Film über Sigmund Freud (1993).

Die traditionelle psychoanalytische Theorie enthält durchaus teilweise »existenzialistisch-skeptische« Grundannahmen. Das klassische

---

62 z. B. Sloterdijk, 2008
63 z. B. Prinz u. Muhr, 1994
64 z. B. Figl, 1996; Lesmeister u. Metzner, 2010

dunkle Diktum Schopenhauers aus dem Jahr 1819, »das Leben der Allermeisten ist auch nur ein Kampf um diese Existenz, selbst mit der Gewissheit, ihn letztendlich zu verlieren«, durchzieht zumindest die Anfänge der Psychoanalyse.[65] Viele Fallgeschichten – auch schon Freuds – sind befasst mit einem expliziten Todesthema. Dieses wird allerdings oft als Symbol für Kastration und/oder Verlust gesehen, »Todesangst« von Freud quasi betrachtet als »Analogon der Kastrationsangst«. Der Tod als noch nicht Erfahrenes spielt in Freuds Theorie eine untergeordnete Rolle, und auch andere existenzielle Themen werden umgedeutet auf »Ursprüngliches«, im klassischen Sinn Ödipales, im modernen Jargon dann eher »strukturbedingtes« intrapsychisches Geschehen. Ausnahmen hiervon sind bereits in der ersten und zweiten Generation nach Freud etwa Melanie Klein, D. W. Winnicott und v. a. Theodor Reik, der immer v. a. auf Schopenhauer und Nietzsche als Stifter grundlegender psychoanalytischer Erkenntnisse verweist.

Zusammenfassend kann festgestellt werden: Die klassische Psychoanalyse hat sowohl das Existenzielle verleugnende als auch das Existenzielle integrierende Untergliederungen! Von besonderer Bedeutung sind die fruchtbaren Auseinandersetzungen einzelner Psychoanalytiker und Psychotherapeuten mit dem Existenzialismus, etwa bei Fritz Perls oder Irvin Yalom (s. u.).

> **Einschub: Sartres »Existenzielle Psychoanalyse«**
>
> - In Sartres Hauptwerk »Das Sein und das Nichts« von 1943[66] widmet er unter dem Kapitel »Handeln und Haben« einen Abschnitt der existenziellen Psychoanalyse, die er der »empirischen Psychoanalyse« Freuds entgegenstellt.
> - Die Sichtweisen Sartres bezüglich der Freud'schen Psychoanalyse sind allerdings im Laufe seines Lebens Veränderungen unterworfen.

---

65 Schopenhauer, 2009, S. 57
66 Sartre, 1946/1994, S. 976f.

- Die existenzielle Psychoanalyse versucht, das jeweilige zur Disposition stehende Verhalten (auch Symptom) als Symbol für »die aufzudeckende grundlegende Wahl« zu entschlüsseln, sie »kennt nichts vor dem ursprünglichen Auftauchen der menschlichen Freiheit« und »sucht die ursprüngliche Wahl zu bestimmen (…) die der Welt gegenüber vollzogen wird und Wahl der Position in der Welt ist«[67].
- Die Neurose entsteht als »unauthentischer Gegenentwurf«[68] aus »Unaufrichtigkeit« der eigenen Freiheit gegenüber heraus.
- 1959 schreibt Sartre ein Drehbuch für einen Film über Freud, in dem er das ein oder andere Mal von historischen Tatsachen abweicht und versucht, existenzialistische Kritikpunkte (z. B. am Triebmodell Freuds) unterzubringen (der Film von über sieben Stunden wurde nie gedreht, aber in einer gekürzten Version als Serie herausgebracht, der Sartre seinen Namen allerdings verweigerte).
- Wichtig sind Sartre die Phasen der individuellen Biographie, in denen existenzielle Wegmarken auftreten, die Entscheidungen erfordern.
- Es zeigt sich eine deutliche Betonung der bewussten Wahl im Gegensatz zur unbewussten Bedingtheit[69].
- Im Begriff des Plans wird der Mensch von Sartre sich planend in die Zukunft hinein entwerfend und in der Planung die Gegenwart verwandelnd gesehen[70].

Der Vollständigkeit halber sei angefügt, dass die Individualpsychologie (hier als »Unter-Gruppierung« der Psychoanalyse verstanden) des Freud-Dissidenten Alfred Adler eine größere Affinität zur Philosophie im Allgemeinen und zu existenziellen Themen im Besonderen hat, als sie bei Freud selbst festgestellt werden kann. Die teleologische (zweckorientier-

---

67 Sartre, 1943/2006
68 Münk, 2011, S. 171
69 Sartre, 1943/2006, S. 976
70 1967; vgl. dazu auch Münk, 2011

te) Ausrichtung der Individualpsychologie und die hohe Wertschätzung des Sinnthemas[71] können dafür Beispiele sein.

Die Spezialisten

Als Spezialdisziplinen therapeutischer Auseinandersetzung mit existenziellen Themen und z. T. auch existenzialistischer Theorie werden hier die Daseinsanalyse Ludwig Binswangers, die Logotherapie bzw. Existenzanalyse Viktor Frankls, die Analytische Psychologie C. G. Jungs sowie die Existenzielle Psychotherapie Rollo Mays aufgeführt. Diese Auswahl beschränkt sich also auf diejenigen Therapierichtungen, innerhalb derer die existenzielle Thematik zentral in der Theoriebildung aufscheint und die existenziellen Einzelthemen zum Fokus therapeutischen Handelns werden, ohne dass sie im Rahmen anderer Theorien (wie z. B. der Verdrängungstheorie der klassischen Psychoanalyse) auf andere Grundaspekte zurückgeführt werden. Der Schwerpunkt der Darstellung liegt dann ganz eindeutig auf der Analytischen Psychologie und der Existenziellen Psychotherapie, da diese beiden in der heutigen Psychotherapielandschaft weiterhin eine entscheidende und die Entwicklung der Gesamtdisziplin maßgeblich mit beeinflussende Rolle spielen. Gleichzeitig sind viele ihrer Konzepte, ganz im Sinne ihrer Begründer, gut in andere therapeutische Systeme integrierbar. Alle vier Therapiegebäude wurden von ihren Schöpfern im Übrigen ursprünglich nicht als Therapieschulen betrachtet. Sie gedachten vielmehr in einer sehr modernen Art und Weise, den -bestehenden psychologischen Theoriegebäuden Wesentliches hin-zuzufügen, ohne diese grundsätzlich infrage zu stellen. In manchen Veröffentlichungen wird auch die Gestaltpsychologie als eine existenzielle Therapieform bezeichnet. Aus der sicher unvollständigen Sicht des Autors treffen die oben genannten Auswahlbedingungen auf die Gestalttherapie jedoch nicht in vollem Umfang zu, und auch

---

71 Adler, 2004

von Gestalttherapeuten selbst wird der »Bezug der Gestalttherapie zum Existenzialismus« als »nicht unproblematisch« bezeichnet[72]. Die in ihrer Namensgebung Existenzielles assoziierende »Schicksalsanalyse« von Leopold Szondi (1893–1986) ist nicht wirklich an den existenziellen Parametern des Menschseins ausgerichtet, geht sie doch vorwiegend von einem familiären Unbewussten aus und sucht, basierend auf einer Methode des Erstellens von Familienstammbäumen, etwa nach »Ahnenträumen«, um den Einzelnen zu verstehen.

Die Daseinsanalyse Ludwig Binswangers

Die phänomenologisch-daseinsanalytische Betrachtungsweise in der Psychotherapie wurde von ihrem Begründer, dem Schweizer Psychiater Ludwig Binswanger (▶ Abb. 4 und Kasten »Ludwig Binswanger«), nicht als Ersatz, sondern als Ergänzung der psychoanalytischen Theorien betrachtet. Biswangers Primärliteratur ist Heideggers »Sein und Zeit«. Das Dasein als »Selbst-Sein mit einem anderen in einer gemeinsamen Welt« rückt ins Zentrum der therapeutischen Arbeit, wichtig wird die empathische Untersuchung und Umkreisung des »Weltentwurfs« des jeweiligen Patienten.

1971 gründeten Medard Boss (1903–1990) und Gion Condrau (1919–2006) in Zürich das »Daseinsanalytische Institut für Psychotherapie und Psychosomatik«. Boss, der bei Freud in Analyse gewesen war, unterhielt eine enge Freundschaft zu Martin Heidegger und organisierte die sog. »Zollikoner Seminare«, in denen Heidegger vor interessierten Ärzten sprach. Ihm kommt das Verdienst zu, sich um eine praktische Umsetzbarkeit daseinsanalytischer Grundlagen gekümmert zu haben.[73] Condrau wiederum stellte durch seine Jungianische Lehranalyse in Zürich eine (kritische) Verbindung der Daseinsanalyse zur Analytischen Psychologie dar. Moderne Autorinnen wie Alice Holzhey-Kunz und Uta Jaenicke entwickelten viele der ursprünglichen Ansätze weiter. Dabei wurden z. B. Ansätze der Freud'schen Sicht auf das Unbewusste oder der Themenbereich einer »Existenziellen Vulnerabilität« psychisch belas-

---

72 Blankertz u. Duobrawa, 2005
73 Z. B. Boss, 1971

2. Vorlesung: Die Therapieschulen

Abb. 4: Ludwig Binswanger (1881–1966). Ort und Datum der Aufnahme unbekannt. ATP © StAAG/RBA1-4-2883_3; Staatsarchiv Aargau/Ringier Bildarchiv.

Ludwig Binswanger (1881–1966)

- 1881 geboren in Kreuzlingen, Schweiz, Vater und Großvater Psychiater
- zunächst Kontakt zu C. G. Jung, seit 1907 Freundschaft mit Sigmund Freud
- 1928 Tod des ältesten Sohnes
- 1930 zentrales Werk »Traum und Existenz« erscheint
- 1942 »Grundformen und Erkenntnis menschlichen Daseins« erscheint
- 1966 Tod in Kreuzlingen

teter Menschen, die zu lediglich vorläufigen und stark eingeengten Lebensentwürfen führt, in den Blick genommen.

Viktor E. Frankls Logotherapie bzw. Existenzanalyse

Viktor E. Frankl (▶ Abb. 5) war mit seiner Beschäftigung mit psychotherapeutischen Themen von Beginn an in enger Berührung mit der Philosophie. Bereits mit knapp 20 Jahren veröffentlichte er dazu den Aufsatz »Psychotherapie und Weltanschauung« in der Adler'schen Internationalen Zeitschrift für Individualpsychologie. Sigmund Freuds »Willen zur Lust« und Alfred Adlers »Willen zur Macht« setzte Frankl (siehe Kasten »Viktor E. Frankl«) in der Begründung der Logotherapie den »Willen zum Sinn« entgegen und wies seine Psychologie damit bereits in der Namensgebung (*logos*, griech.: der Sinn) als Sinn-Spezialtheorie aus.

Abb. 5: Viktor E. Frankl (1905–1997); © Viktor-Frankl-Archiv.

2. Vorlesung: Die Therapieschulen

> **Viktor E. Frankl (1905–1997)**
>
> - 1905 geboren in einer jüdischen Wiener Familie
>   Studium der Medizin und Philosophie
>   Kontakt zu Sigmund Freud, Alfred Adler und Willhelm Reich
> - 1933 erstmalige Verwendung der Bezeichnung »Existenzanalyse«
> - 1941 Deportation ins Ghetto Theresienstadt
> - 1944 KZ Auschwitz
> - 1945 Befreiung aus dem KZ Dachau, Tod von Frau, Eltern und Bruder
> - 1946 »… trotzdem Ja zum Leben sagen. Ein Psychologe erlebt das Konzentrationslager« erscheint
> - 1949 Dissertation »Der unbewußte Gott«
> - 1955 Professor für Neurologie und Psychiatrie Uni Wien
> - 1997 Tod in Wien

Auch Frankl stellt ein Ergänzungsverhältnis zwischen der etablierten Tiefenpsychologie und seiner »Höhenpsychologie« fest. Die Logotherapie, bisweilen auch »Existenzanalyse« genannt, geht von einem weit verbreiteten »existenziellen Vakuum« mit Langeweile, Frustration und Sinnlosigkeitsgefühl aus (»Sonntagsneurose«): Eine existenzielle Neurose (noogene Neurose) entsteht dann durch klinische Symptome. Diese »fließen in das existenzielle Vakuum und füllen es aus«. Die psychische Erkrankung wird also als Konsequenz einer gescheiterten Sinnsehnsucht gesehen. In der Therapie der Existenzanalyse soll nach Frankl »nicht das Triebhafte, sondern das Geistige bewusst gemacht« werden, es sei nicht Analyse der Existenz, sondern Analyse »auf die Existenz hin«. In einer *Selbsttranszendenz* könne der Mensch sich durch *Selbstdistanzierung* und Setzung hoher ethischer Werte überschreiten In einem »tragischen Optimismus« kann und muss auch den negativen Aspekten des Seins ein individueller Sinn abgerungen werden. In der Logotherapie wird der »Aufgabencharakter«[74] des Lebens betont. »Ihr letztes Ziel sieht sie (die

---

74 Hillmann, 2010, S. 145

Logotherapie, Anm. d. Verf.) darin, den Menschen zum Bewusstsein seines Verantwortlichseins zu bringen oder das ›Verantwortung-haben‹ des Daseins vor sein Bewusstsein zu bringen.«[75]

Die Klinische Theorie der Logotherapie sieht beim Neurotiker die »Beziehung zum Transzendenten« gestört, Religiosität ist »Sein zum Sinn hin«. D. h., die Seele des Menschen wird, ganz im Gegensatz zu den Ur-Existenzialisten aus Frankreich, von Natur aus als religiös betrachtet. Es gibt, so die Logotherapie, eine Verdrängung der Religiosität ganz im Geiste des Religionsphilosophen Tillich, der meint, »Religiös sein heißt, leidenschaftlich die Frage nach dem Sinn unserer Existenz zu stellen«[76]. Dabei teilt Viktor Frankl den Terminus des Sinns auf in »1. den Sinn im Leben, bzw. einer bestimmten Lebenssituation, 2. den Sinn des Lebens und 3. den Sinn des Weltganzen«[77]. Der Psychotherapie weist er in erster Linie die unter Punkt eins genannte Sinnkomponente zu und fragt damit wie Woody Allen in seiner »Ansprache an die Schulabgänger«: »Wie ist es möglich, in einer endlichen Welt Sinn zu finden – in meiner Taille und Kragenweite?«[78]. Frankl ist damit Vorläufer vieler, auch moderner verhaltenstherapeutischer Sinnkonzeptionen (s. o.) und Therapietechniken.

Die therapeutischen Methoden der Logotherapie sind vor allem die sogenannte »Paradoxe Intention« mit den Einzeltechniken Symptomverschreibung, Reframing (positive Umdeutung des Symptoms), Rückfallvorhersage und Utilisation eines Symptoms sowie die sogenannte »Dereflexion«. Diese lenkt den Blick des Patienten vom Kreisen um sich und seine Probleme hin zur *Einstellung* zu den Symptomen und den damit einhergehenden Sinnstrukturen. Gleichzeitig erfolgt ein Training in Empathie.[79]

In neuerer Zeit entwickelten sich, ausgehend von der Forschungsgruppe um den New Yorker Psychiater und Psychoonkologen William Breitbart und seiner meaning-centered psychotherapy[80] moderne, v. a.

---
75 Frankl, 2005, S. 13
76 Tillich, 1961
77 Batthyany, 2005, S. 41
78 Allen, 1983
79 vgl. dazu auch Gebler, 2009
80 Z. B. Breitbart, 2010

gruppentherapeutische Programme, zunächst für Patienten mit Krebserkrankungen, die sich explizit auch auf die Logotherapie Frankls beziehen. Sie stellen spannende und innovative Ansätze dar und bringen die Logotherapie an die moderne akademische Psychotherapieforschung heran.

Rollo Mays »Existenzielle Psychotherapie«

Im Gegensatz zu den drei anderen existenziellen therapeutischen Spezialdisziplinen hat die sogenannte »Existenzielle Psychotherapie« ihren Status als zwischen den Therapieschulen stehend beibehalten können. Ihren Ausgang nahm diese Richtung in den USA aus zunächst eher allgemeinphilosophischen Überlegungen zum europäischen Existenzialismus. In einer Voreiterrolle ist hier Rollo May (Kasten »Rollo May«) zu sehen. Als erster Amerikaner integrierte er – ausgehend von Freud und Kierkegaards Angstbegriff – phänomenologische und existenzialphilosophische Grundkonzepte in ein primär tiefenpsychologisch ausgerichtetes therapeutisches Denksystem. May stand in enger Beziehung zu Alfred Adler, Erich Fromm und Paul Tillich. Gängige wissenschaftliche Herangehensweisen an das Eigentliche des Menschen kritisierte er und hoffte auf eine »Vereinigung von Wissenschaft und Ontologie«, ein erkenntnistheoretisches Anliegen, das psychotherapeutische Wissenschaft bis heute herausfordert und in ihrem modernen positivistischen Mainstream hinterfragt.

Rollo May (1909–1994)

- 1909 geboren in Ada, Ohio
- Studium zunächst der Theologie, dann der Philosophie und Psychologie
- Schüler Alfred Adlers
- 1942 Erkrankung an Tuberkulose
- 1956 »Existence. A New Dimension In Psychiatry And Psychology« erscheint
- 1969 »Love and Will« (dt. »Der verdrängte Eros«) erscheint
- 1994 Tod in Tiburan, Kalifornien

Der heute mit Abstand bekannteste Protagonist der existenziellen Psychotherapie ist allerdings Irvin Yalom (geb. 1931) (▶ Abb. 6), gegenwärtig wohl einer der populärsten Psychotherapeuten weltweit, und die seit den 80er Jahren zu beobachtende schleichende »Wiederkehr« existenzieller Themen im psychotherapeutischen Kontext ist größtenteils ihm zu verdanken. Als Kind russisch-jüdischer Einwanderer arbeitete er nach psychoanalytischer Ausbildung 30 Jahre als Psychiatrieprofessor. Seine Grundwerke, »Theorie und Praxis der Gruppenpsychotherapie« und »Existenzielle Psychotherapie« sind Bestseller des Psychotherapiemarktes, ungewöhnliche Bekanntheit erlangte er aber als seine Erfahrungen als Psychotherapeut aufbereitender Belletristik-Autor. Auch wenn die literarische Qualität seiner Romane wohl nicht ganz an Sartre und Camus heranreichen kann, stellt er sich damit doch in die Tradition des französischen Existenzialismus, deren Protagonisten immer auch Roman und Schauspiel zur Vermittlung ihrer Ideen nutzten.

Abb. 6: Irvin Yalom; © Namophoto, 2011, mit freundlicher Genehmigung von Irvin Yalom.

Wie Rollo May selbst absolvierte auch Yalom eine klassische psychoanalytische Ausbildung und integrierte auf dieser Grundlage die existenzialistischen Themen. Diese Nähe der Protagonisten der amerikanischen Existenziellen Psychotherapie zur Psychoanalyse bleibt sowohl in Theorie und Praxis durchgehend erhalten; Yalom definiert seine Existenzielle Psychotherapie konsequenterweise als ein psychodynamisches Therapieverfahren: »Existenzielle Psychotherapie ist ein dynamischer Zugang zur Psychotherapie, der sich auf die Gegebenheiten konzentriert, welche in der Existenz des Individuums verwurzelt sind«[81], »auf der tiefsten Ebene meines Seins«[82]. In ihrem neuen Überblickswerk zur amerikanischen existenziellen Psychotherapie fassen die kalifornischen Psychologen Schneider und Krug die Autoren Rollo May, Irvin Yalom, James Bugental, Kirk J. Schneider und Martin Buber als Schlüsselfiguren einer »Humanistisch-Existenziellen Therapie« zusammen als eine »Mischung aus der europäischen humanistischen und existenzialistischen Philosophie und der US-amerikanischen humanistischen Psychologie«[83]. Der britische Psychologe Cooper[84] fügt seiner Aufzählung existenzieller psychotherapeutischer Verfahren, Daseinsanalyse, Logotherapie und dem amerikanischen »existenziell-humanistischen Ansatz« noch die »Britische Schule der Existenzanalyse« hinzu, und in der Tat finden sich in England, ganz anders etwa als in Deutschland, der Schweiz und Österreich, sowohl in der Hochschullandschaft als auch in Form spezieller Ausbildungsinstitute, verbreitet existenziell ausgerichtete Autoren und Ansätze. Die sogenannte »British School of Existential Analysis« wird heute vorwiegend von Emmy von Deurzen (geb. 1951) vertreten. Sie stellt fest:

- Existenzielle Psychotherapie ist »Anleitung zur Lebenskunst«,
- erforderlich ist die radikale und ehrliche Untersuchung eigener Werte und Glaubenssätze,

---

81 Yalom, 1980/2000, S. 17
82 ebenda, S. 22
83 Schneider u. Krug, 2012, S. 11
84 Cooper, 2003

- Ziel ist die Entwicklung des Eigenen im Gegensatz zum »second-hand-life«.

Was aber nun ist diese »Existenzielle Psychotherapie« genau? In erster Linie ist sie eine auf die »Existenzparameter« der Seele hoch spezialisierte Therapie. Jedoch »... ›existenzielle Psychotherapie‹ widersetzt sich einer prägnanten Definition, denn die Grundlagen einer existenziellen Orientierung sind nicht empirisch, sondern zutiefst intuitiv«[85].

In einer engen Definition (über die zugrunde liegende Philosophie) wäre »Existenzielle Psychotherapie« die von dem amerikanischen Psychoanalytiker Rollo May begründete tiefenpsychologische Richtung (s. o.) amerikanischer Psychotherapie. Die weite Definition (über die Fokussierung in der Therapie) formuliert »Existenzielle Psychotherapie« über die explizite Berücksichtigung der existenziellen menschlichen Themen (der »letzten Dinge«) im psychotherapeutischen Prozess. Wichtig ist dabei: »Existenzielle Psychotherapie« ist dann keine Therapieschule: »Mit ›existenziell‹ meine ich einen Ansatz, der vitalistisch, nicht-deterministisch und nicht-mechanisch ist, ein Ansatz, der sich auf die ›Gegebenheiten‹ der Existenz bezieht, auf die Unsicherheiten, den Sinn und die Zielsetzung des Lebens, auf den Willen, auf Entscheidungs- und Wahlmöglichkeiten, auf Engagement, auf Veränderung der Haltung und Perspektive«[86].

C. G. Jungs Analytische Psychologie

Carl Gustav Jung (1875–1961) (▶ Abb. 7) entwickelte seine Sicht auf den Menschen und die Möglichkeit seiner psychotherapeutischen Beeinflussung von Beginn an in enger und ständiger Auseinandersetzung mit den Philosophen seiner Zeit und der Zeitalter vor ihm. Wie wohl kaum eine andere Therapieschule kultiviert die Analytische Psychologie diese Nähe bis heute; beredtes Beispiel hierfür ist z. B. der rührige bundesdeutsche »Arbeitskreis Analytische Psychologie und Philosophie«, der jährliche Symposien, Arbeitstreffen und Begegnungen zwischen Psy-

---

85 Yalom, 1980/2000, S. 17
86 Yalom, 2001

Abb. 7: Carl Gustav Jung (1875–1961)

chotherapeuten und Philosophen veranstaltet. Schon in seinem Grundwerk zur Existenziellen Psychotherapie verwies Irvin Yalom bisweilen auf Jung und in einem neueren Buch aus dem Jahr 2008 weist er erstmals darauf hin, dass er auch C. G. Jung als einen Vertreter existenziell ausgerichteter Therapie versteht.[87] Dies ist umso erstaunlicher, da Jung, wie wir sehen werden, sich zwar mit den gleichen, eben existenziellen Themen wie die Existenzialisten selbst befasst, in vielen Fällen aber doch andere Antworten darauf formuliert. Wie die existenziellen Psychotherapeuten auch, schätzt er allerdings die »Fallzahl« der aus dem

---

87 Yalom, 2008, S. 193

unbewältigten Existenziellen entstehenden psychischen Leidenszustände hoch ein: »Etwa ein Drittel meiner Fälle leidet überhaupt an keiner klinisch bestimmbaren Neurose, sondern an der Sinn- und Gegenstandslosigkeit ihres Lebens. Ich habe nichts dagegen, wenn man dies als die allgemeine Neurose unserer Zeit bezeichnen sollte«[88].

Carl Gustav Jung (1875–1961)

- Am 26.7.1875 geboren in Kesswil am Bodensee als Sohn eines Pfarrers
- 1887 »Schicksalsjahr« mit depressiver Krise und Hinwendung zur Philosophie
- 1900 Assistent bei Eugen Bleuler
- 1905 Beginn des Briefwechsels mit Freud, Behandlung von Sabina Spielrein
- 1907 erstes Treffen mit Freud
- 1910 erster Präsident der IPV
- 1944 Todesnähe-Erlebnis
- 1948 Gründung des C. G. Jung-Instituts in Zürich
- 1961 Tod in Küsnacht

Jung bezeichnete in fast existenzieller Manier in einem Vortrag 1932 die Neurose »im letzten Verstande« als »eine Krankheit der Seele, die ihren Sinn nicht gefunden hat«[89], und die Frage nach dem Sinn der Existenz durchzieht wie ein roter Faden Jungs Werk. In direkter Konfrontation mit existenzialistisch motivierten therapeutischen Sichtweisen, etwa in einer Besprechung einer Falldarstellung Binswangers, ärgert C. G. Jung andererseits »der gänzlich überflüssige existenzialistische Schwulst …«[90]. Seine Kritik gegen alle -ismen, u. a. Existenzialismen, als »irgendwo, so oder so, laut oder leise, von einer übergeordneten Idee besessen« und daher wie »eine religiöse Idee«[91] genutzt, stimmen ihn skeptisch. Vor allem

---

88 Jung, 1931, GW Bd. 16, § 84
89 Jung, 1932, GW Bd. 11, § 497
90 Jung, 1951

über den von ihm hoch geschätzten französischen Religionsphilosophen und Heidegger-Schüler Henri Corbin (1903–1971) kommt er mit Heideggers Ideenwelt in Berührung. Und auch wenn er konstatiert »Heideggers modus philosophandi ist durch und durch neurotisch …«[92], lassen sich doch Spuren einer eventuellen Beeinflussung nicht leugnen. Sämtliche zentralen Konzepte der Analytischen Psychologie Jungs[93] (▶ Kasten 3) können nämlich zu den von den Existenzialisten als grundlegend postulierten Themen in Beziehung gesetzt werden, stellen eine Umschreibung, eine Antwort oder eine inhaltliche Erweiterung auf diese dar.

Jung konzeptualisiert den Existenzbegriff selbst allerdings im Unterschied zu dem der existenzialistischen Philosophie als ausschließlich psychisch: »Die Psyche ist existent, sie ist sogar die Existenz selber«[94]. »Existenz« ist hier ähnlich dem Wirklichkeitsbegriff: »… nur eine Minderheit betrachtet das psychische Phänomen als eine Kategorie des Seins an und für sich … Nur psychische Existenz ist unmittelbar nachweisbar, wenn die Welt nicht die Form eines psychischen Bildes annimmt, ist sie praktisch nicht existierend«[95], »… warum ich auf dem Kriterium der Existenz bestehe, im Bereich der Wissenschaft wie im Bereich der Religion … Meiner Meinung nach ist es wichtiger, dass eine Idee existiert, als dass sie wahr ist …«[96]

Kasten 3: Zentrale theoretische Konzepte der Analytischen Psychologie Jungs

- Kollektives Unbewusstes und Archetypen
- Selbst
- Individuation
- Typologie
- Bipolarität
- Finalität

---

91 Jung, 1936
92 Jung, 1943
93 Vogel, 2018
94 Jung, 1939, GW Bd. 11, § 16–18
95 Jung, 1929, GW Bd. 11, § 769
96 Jung, 1958, GW Bd. 18/2 § 1584

Vor allem die Archetypenlehre (*arche*: Anfang, Ursprung, *typos*: Gepräge) fällt mit ihrer schon in den definitorischen Begriffen gegebenen Nähe zu existenziellen Themengebieten ins Auge. Viktor Frankls »Sinn-Universalien«[97] stellen sicher einen archetypischen Aspekt dar. Die Inhalte/Motive der Archetypen entsprechen den existenziellen Themen, und wie die Existenzialisten geht auch Jung von einer Aktivierung dieser Themen in Grenz- und Übergangsituationen aus. Die symptomgenerierenden psychischen Komplexe haben einen archetypischen/existenziellen Kern. Sie bestehen aus einem zweigeteilten, magnetartigen Nucleus (persönlich/familiär/sozial [traumabedingt] und archetypisch) und besitzen eine spezifische Energie mit einer Art Spin, der das Ich-Bewusstsein bei Annäherung in eine bestimmte Richtung bewegen kann.

Ebenfalls sehr ähnlich den Existenzialisten geht auch Jung von der Aktivierung eines kreativen/schöpferischen Potenzials durch die Konstellation der existenziellen/archetypischen Themen aus. Darin liegt, so meint er, die Freiheit und die Verantwortung des Menschen. Anders als der Existenzialismus aber weist Jung auf den bipolaren Charakter der archetypischen Themen hin (▶ Kasten 4).

Kasten 4: Bipolaritäten existenzieller Grundthemen

Freiheit – Unfreiheit
Tod – Leben
Isolation – Beziehung/Bezogenheit
Sinn – Sinnlosigkeit

Der Existenzialismus selbst ist in Jung'scher Sicht allerdings eine (oft unheilvolle) Identifikation mit einem Pol des Archetyps, nämlich dem negativen. Die Analytische Psychologie lässt allerdings eine »Existenzielle Zuversicht« durchblicken, eine (begründete) Hoffnung, dass das Leben doch gelingen kann.[98]

---

97 Frankl, 2007
98 Kast, 2016

2. Vorlesung: Die Therapieschulen

Auch Jungs Individuationstheorie (»Der Mensch als ›Mensch auf dem Weg‹«[99]) ist fast identisch mit ur-existenzialistischen Grundannahmen: »Ein Mensch ist ein Prozess (...) der Mensch ist im Werden«, so Sören Kierkegaard[100]. »Individuation heißt nicht, dass Sie ein Ich werden, dann wären Sie ein Individualist. Individuation bedeutet das zu werden, was nicht Ich ist, und das ist merkwürdig (...) Im Verlauf des Individuationsprozesses entdeckt das Ich, dass es nur ein Anhängsel des Selbst und nur locker mit ihm verbunden ist.«[101] Das Ich kann gesehen werden als die (selbst-)reflexive Funktion des Selbst (vgl. die Nähe zu Heideggers »Dasein« und sein »Sichzusichverhalten«[102]). Selbst und Dasein werden jungianisch oft auch im – manchmal zu Recht kritisierten – Ganzheitsbegriff aufgehoben. Ganzheit (vgl. dazu auch den existenzialistischen Terminus der Authentizität) ist Ziel des Individuationsprozesses, der hier sowohl als psychotherapeutische Prozesstheorie als auch als Entwicklungspsychologie konzipiert werden kann: »... aber die Psychotherapie weiß es – oder sollte es schon längst wissen –, dass ihr Objekt nicht die Fiktion der Neurose, sondern die gestörte Ganzheit eines Menschen ist«[103].

Als Zwischenbilanz mag gelten: In einer gemeinsamen Schwerpunktsetzung zeigen beide Schulrichtungen, »Existenzielle Psychotherapie« und Analytische Psychologie, gleichermaßen die Essentials eines von den existenziellen Themen des Menschen »inspirierten« therapeutisches Ansatzes auf:

- Beide beschäftigen sich mit sämtlichen Themen der Existenz (in der Logotherapie hingegen scheint ein Großteil der Theorieentwicklung auf das Sinnthema zentriert).
- Sie legen beide die zugrunde liegende »Weltanschauung« auf den Tisch (als Identifikationsfolie für den Therapeuten), missionieren die Patienten aber nicht.

---

99 Jung nach Wehr, 2003
100 nach Harris u. Lagerström, 2009
101 Jung in Shamdassani 1999, S. 102
102 Heidegger, 1979
103 Jung, 1945, GW Bd. 16, § 199

- Sie haben beide (im Gegensatz zur Daseinsanalyse, z. T. auch im Gegensatz zu Frankl) eine explizite differenzielle Ätiologie und Klinische Psychologie und daraus abgeleitete therapeutische Methoden.
- Die Analytische Psychologie Jungs und die »Existenzielle Psychotherapie« Mays stellen die gleichen Fragen und kommen z. T. zu unterschiedlichen Antworten.
- Sie gehen von komplementären und sich ergänzenden weltanschaulichen und klinischen Paradigmen aus.

Existenzialismus und Analytische Psychologie sind sich in folgenden Punkten einig:

1. Es geht nicht ohne Krisen[104] (s. u.).
2. Der (therapeutische) Entwicklungsprozess verläuft zyklisch.
3. Existenzielle Themen können nicht gelöst werden. Sie müssen auf sich genommen (Yalom) bzw. überwachsen (Jung) werden: »Nicht wie man eine Neurose los wird, hat der Kranke zu lernen, sondern wie man sie trägt«[105].
4. Der Zukunftsentwurf des jeweils einzigen Menschen von sich selbst ist entscheidend: »Es steht jedoch fest, dass das Unbewusste uns auf die Zukunft vorbereitet und antizipiert. (…) Und im selben Moment erfüllt mich ein Gefühl von Zielhaftigkeit, so als würde mein Schicksal sich nach einem geheimen Plan vollziehen«[106].
Yalom ergänzt: »Die Zukunft-die-zur Gegenwart-wird ist das primäre Tempus existenzieller Therapie«[107].
5. Im Hier und Jetzt wird therapiert:
»Und nur im Heute, nicht aber im Gestern wird eine Neurose ›geheilt‹«[108]. »Das Hier und Jetzt; nutzen Sie es, nutzen Sie es, nutzen Sie es«[109].

---

104 Kast, 2010, s. u.
105 Jung, 1934, GW Bd. X
106 Jung 1940/2008
107 Yalom, 1980/2000, S. 22
108 Jung, 1934, GW Bd. 10, § 363
109 Yalom, 2002, S. 61

6. Pathologie und Gesundheit sind auf psychischem Gebiet nur quantitativ, nie qualitativ unterscheidbar.
7. Auszugehen ist von einer »Universalität menschlichen Leidens«[110] bzw. »Schicksalsverbundenheit« (v. Franz) der Menschen.
8. Das individuelle menschliche Schicksal ist trotz der Anerkennung einer »Geworfenheit« nicht vollständig determiniert.
9. Notwendig ist die Übernahme der persönlichen Verantwortung und einer daraus abgeleiteten »Verpflichtung«, eines »Engagements« (Existenzialismus: Verantwortung wegen Freiheit; Analytische Psychologie: Verantwortung auch für unbewusste Bedingtheiten).
10. Entwicklung geschieht in Intersubjektivität. So betont Sartre das »Sein für andere«, den Blick als existenzielle, zur Entwicklung notwendige Herausforderung; die modernen psychoanalytischen Intersubjektivisten betonen ein »kontextualistisches Verständnis von Entwicklung und Pathogenese« und sehen »das Auftauchen und die Modifizierung von Subjektivität (...) als prinzipiell relationale Vorgänge«[111].
11. Das Ziel von Entwicklung bzw. Therapie ist die Authentizität (Yalom) bzw. Selbstwerdung (Jung) (Werde der/die Du bist): »Denn das Große ist nicht, das eine oder das andere zu sein, sondern man selbst zu sein, und das vermag jeder Mensch, der es nur will«, so Sören Kierkegaard[112] in seinem Anfangswerk »Entweder-Oder«.
12. Das »ungelebte Leben« (C. G. Jung sieht es als Anteile des persönlichen »Schattens«[113]) ist ständig zu berücksichtigen, und es ist Verantwortung dafür zu übernehmen.
13. Das höhere Lebensalter ist die entscheidende Lebensspanne zur Konfrontation mit dem Existenziellen (▶ 4. Vorlesung).
14. Die dem Existenzialismus zugrundeliegende Phänomenologie versucht wie die Analytische Psychologie den Menschen primär aus sich selbst heraus zu verstehen und auf den Blick durch Theorien hindurch weitgehend zu verzichten bzw. ihn zumindest zu relativieren.

---

110 Yalom, 1980/2002, S. 24
111 Orange u. a. 2001, S. 11f.
112 Kierkegaard, 2009
113 Vogel, 2012c, 2015a

Die Existenzialisten selbst nahmen erstaunlicherweise trotz dieser großen Nähe und auch der parallelen Lebenszeit kaum Notiz von Jung. Ausnahmen sind etwa Albert Camus (1913–1960), der Jung rezipierte, oder Paul Tillich (1886–1965). Ihn und Jung verband eine hohe gegenseitige Wertschätzung.

Trotz der gemeinsamen Grundlage gibt es allerdings auch bedeutsame Unterschiede wie etwa:

- Den erweiterten Existenzbegriff bei Jung: »Ich sehe keine Möglichkeit zu bestreiten, dass wenigstens ein Teil unserer psychischen Existenz durch eine Relativität von Raum und Zeit charakterisiert ist«[114].
- Den von Sartre negierten Entwicklungscharakter des Selbst.
- Die Rolle des »Anderen«: Nichtung und Scham (Sartre) vs. Conjunctio und Co-Evolution (Jung).
- Die Wertschätzung des Unbewussten.
  (Aber: Auch die Existenzialisten möchten die Bedingungen der Existenz bewusst machen!)
- Die Freiheit: Diese fällt bei Jung – im Gegensatz zu Sartre – nicht auf ein »unbeschriebenes Blatt«, ist nicht absolut, sondern zeigt sich in begrenzten Auswahlmöglichkeiten.
- Den Sinn, der bei Jung vom Menschen nicht aus dem Nichts entwickelt wird, sondern aus einem menschheitsimmanenten Kontext (dem kollektiven Unbewussten).
- Den primären Gegenstand im Existenziellen: Sartre befasst sich mit der Struktur der existenziellen Thematiken, Jung mit deren praktischem Inhalt[115].
- Die Hier-und-Jetzt-Orientierung der existenziellen Philosophie mit ihrer Betonung der jeweils neu zu lebenden situativen Freiheit widerspricht in einigen Punkten der psychoanalytischen Entwicklungspsychologie und Strukturtheorie sowie dem jungianischen Finalitätskonzept.

---

114 Jung, 1961/2005, S. 308
115 Shelburne, 1982

3. Vorlesung
Existenzielle Themen ... und was die Therapieschulen uns dazu zu sagen haben

Beim jungianischen Hinweis auf die Bipolaritäten der existenziellen Grundthemen hatten wir bereits aufgezählt: Das »Existenzielle«, quasi die »letzten Dinge«, lässt sich, ausgehend von der Philosophie des Existenzialismus, in vier Grundfragen an den Menschen, vier »Gegebenheiten der Existenz«[116], »vier letzte Belange«[117] zusammenfassen, die zusätzlich zur biologischen, trieb-, trauma- oder kognitionsorientierten Sicht bestehen und diese u. U. sogar unterlegen:

- die Frage nach der Freiheit,
- die Frage nach dem Sinn,
- die Frage nach der letztendlichen Einsamkeit/Isolation,
- die Frage nach dem Tod.

Karl Jaspers schlug als eventuelle »Grenzsituationen« Leid, Schuld, Tod und Zufall, »Dasein immer in einer bestimmten Situation« sowie Kampf vor[118], der zeitgenössische argentinische Autor und Psychotherapeut Jorges Bucay nennt als »existenzielle Fragen ›Wer bin ich? Wohin gehe ich? Und mit wem?‹«[119] Als »zusätzliches Existenzielles« wird in der Literatur z. B. die Frage der Scham, des Woher und Wohin oder das Problem Gut vs. Böse genannt. Diese Bereiche sind nicht voneinander getrennt zu halten, stellen vielmehr Schwerpunktsetzungen einer existenziellen Gesamtsicht auf den Menschen dar und sind ineinander verwoben. Im Jungiani-

---

116 Yalom, 2008, S. 193
117 Yalom, 2002, S. 150
118 Jaspers, 2008
119 Bucay, 2015, S. 17ff.

schen sind sie, wie dargestellt, in den archetypischen Motiven und ihren Bildern eingebunden!

An »positiven« existenziellen Themen werden (nicht von existenzialistisch orientierten Autoren) vor allem aufgezählt:

- Liebe,
- Glaube (an Gott),
- Treue,
- Ehre.

Einschub: Das Existenzielle am Schmerz

> »Mit körperlichen Schmerzen fertigzuwerden,
> wenn sie länger dauern, ist gewiß etwas
> vom Schwierigsten.«
> (Hermann Hesse[120])

> »Was aber soll der Metastatiker mit seinen
> Schmerzen anfangen? Hier hört jegliche
> Sinngebung auf...«
> (Peter Noll[121])

Der körperliche Schmerz

- konfrontiert mit eingeschränkter Freiheit,
- lässt die Sinnfrage erblühen,
- schafft – z. B. durch ein Ohnmachtserleben – »Verzweiflung«,
- macht – z. B. durch mangelnde Einfühlbarkeit des Schmerzerlebens – einsam,
- konfrontiert mit dem Tod als dem »letzten Schmerz« und erzeugt Angst davor, aber u. U. auch Sehnsucht danach.

Im Schmerzgeschehen zwischen Patient und Arzt wird durch die Entscheidung zur Hinwendung zum Schmerz die existenzielle Situa-

---

120 Hesse, 2017; aus einem Brief vom Februar 1920 an Georg Reinhart
121 Noll, 2009, S. 41

> tion des Arztes/Therapeuten besonders deutlich[122], die Berücksichtigung des Existenziellen in symptomorientierten psychologischen Vorgehensweisen ist besonders bedeutsam[123].
> Für unseren Zusammenhang wichtig sind moderne, nicht organische Bezugnahmen des Schmerzbegriffes, etwa im »seelischen Schmerz« oder im jüngst in die Diskussion eingebrachten »spirituellen Schmerz« (spiritual pain), der bisweilen als »Sinnschmerz« verstanden wird, »der sich in körperlichem Schmerz manifestiert und diesen verstärkt[124]«.

Alle über die vier grundlegenden existenziellen Themen hinausgehenden angeführten Aspekte können bei genauer Analyse aus den vorher Genannten abgeleitet werden[125], sind quasi existenzielle Themen »zweiter Ordnung« oder sind gar Antwortversuche auf die vier Grundthemen. Ihr existenzieller Charakter liegt also nicht in ihnen selbst, sondern entsteht durch ihre »Aufladung« mit mindestens einem der vier existenziellen Grundthemen. All diese Themen tauchen allerdings in den Praxen meist nicht in »Reinform«, sondern in ihrer klinischen Verkleidung auf, die entschlüsselt werden will. Die gängige Diagnostik von Psychiatrie und klinischer Psychologie sagt hierzu nichts aus: »Die wichtigsten Fragestellungen des Lebens lauten doch: Wer bin ich, was will ich und was ist wichtig für mich? Welche grundsätzlichen Lebensregeln habe ich und welche davon will ich behalten? Was mag ich und was mag ich nicht? Was erhoffe ich vom Leben? Und auf solche Fragen vermag eine ICD-Diagnose keine Antwort zu geben«, so die norwegische Psychologin und langjährige Psychiatriepatientin Arnhild Lauveng[126] in ihrem beeindruckenden Buch über ihren Genesungsprozess.

Existenzielles hat, zumindest dem Namen nach, hohe Konjunktur bei Psychotherapeuten. Bis zu 50 % der Therapeuten betrachten sich in

---

122 v. Weizsäcker, 2008
123 z. B. Gebler, 2010
124 Peng-Keller, 2017, S. 295
125 vgl. dazu etwa die Darstellung von Scham und Einsamkeit in Sartorius, 2009
126 Lauveng, 2010, S. 49

Umfragen als existenziell orientiert. Auswertungen von Therapieprotokollen weisen allerdings auf eine signifikante Vernachlässigung existenzieller Themen hin. Therapeuten haben einen »Drang zur Umdeutung«[127], sie sind »selektiv unachtsam gegenüber Hinweisen auf unsere existenzielle Situation«[128]. Dies gilt sogar für Spezialisten für existenzielle Themen wie z. B. auf Palliativstationen arbeitende Psychotherapeuten. In einer eigenen Studie aus dem Jahr 2011[129] zeigte sich z. B., dass sogar an diesem, das Todesthema quasi erzwingenden Ort dem Thema ausgewichen werden kann (▶ Abb. 9).

Freiheit – Die Voraussetzung von Therapie und authentischem Leben

Kein Mensch muss müssen.
(Gotthold Ephraim Lessing)

Seit Beginn der Moderne lebt der westliche Mensch in einer »Epoche der Freiheit«[130]. Die Freiheitsannahme ist das Fundament jeder abendländischen Therapierichtung. Freiheit ist jedoch ein zusammengesetztes Ding. Es hat positive Aspekte (je mehr Freiheit, desto besser), negative Aspekte (weniger Freiheit ist manchmal notwendig), es hat einen Vektor nach vorne (Freiheit, etwas zu tun) und einen Standpunkt in der Gegenwart (Freiheit, etwas nicht zu tun). Seit Leibniz gibt es eine »negative« Freiheit, die darin besteht, keinen Zwängen ausgesetzt zu sein, und eine »positive Freiheit«, die nach vorne Optionen wahrnimmt. Zwänge, Pflichten, Gesetze, Moralitäten etc. sind dann auch die Gegenbegriffe, der deutsche Philosoph Peter Sloterdijk nennt als »Feinde der Freiheit«, von ihm übrigens prägnant als »Sorglosigkeit« definiert, in

---

127 Yalom, 1980/2000, S. 74
128 ebenda, S. 260
129 Vogel, 2011
130 Han, 2013, S. 36

erster Linie »Despoten« sowie die »anonyme, jeweils herrschende Form des Notwendigen«[131]. Wenn wir unseren Patienten nicht wenigstens eine rudimentäre Freiheit auch innerhalb der Bedingtheit durch Biologie, Biographie, Traumatisierungen und Lerngeschichte zuschreiben, verlieren wir den einzigen Ansatzpunkt therapeutischen Handelns. Dabei wird deutlich, dass es sich hierbei nicht unbedingt um Handlungsfreiheit handeln muss, sondern primär eine Form der inneren Freiheit gemeint ist. Dies ist ein durchaus nicht zu unterschätzendes Dilemma, an dem sich seit den Zeiten Freuds, der zwischen einer weitgehend deterministischen Theorie und einer dem Patienten gleichzeitig großzügig Freiheit zusprechenden therapeutischen Praxis hin und her gerissen war, nichts Wesentliches geändert hat. Auch unsere moderne, auf Kausalitäten bauende (Natur-)Wissenschaft trägt nicht zu einem unsere Existenz als allzu frei einschätzenden Standpunkt bei, wenn auch Max Planck bereits 1978 darlegte, »wie man vom naturwissenschaftlichen Standpunkt aus, ohne die Voraussetzung einer universellen strengen Kausalität preiszugeben, sehr wohl zu einem Verständnis für die Tatsache der Willensfreiheit und des sittlichen Verantwortungsgefühls gelangen kann[132].

Zusätzlich erschwerend gilt: »Die Neurose verschleiert ihre Herkunft aus Freiheit und stellt sich dar als (wenn auch rätselhaftes) Produkt der natürlichen Notwendigkeit«[133]. Sowohl die Freiheit des Einzelnen als auch die in der Symptomatik gebundene Freiheit (der Komplex als »Umschlagpunkt«, an dem »Gebundenheit zu Freiheit wird«[134]) ist also Grundlage therapeutischen Handelns. Es geht darum, dass die Menschen nicht mehr von außen ihr Leben – und ihre Symptomentstehung – betrachten, sondern »… dass ein Mensch in Bezug auf sein eigenes Leben nicht sein Onkel, sondern sein Vater ist«[135]. Noch bevor die eigentliche Therapie also beginnen kann, müssen wir unseren Patienten befähigen, »als Erkennender und Urteilender über seinen Willen Regie zu

---

131 Sloterdijk, 2011, S. 57
132 Planck, 1978, S. 273
133 Giegerich, 1999, S. 63
134 Kast, 1988, S. 17
135 Kierkegaard, zit. nach Harris u. Lagerström, 2009

führen«[136]. Die Anfangsphase einer Behandlung, in manchen Fällen sogar die gesamte Therapie, besteht im Ringen um einen Zugewinn an Freiheitsgraden für unsere Patienten, die sich zunächst als unfrei erleben. »Demgegenüber sagen wir, dass im Menschen die Freiheit der Wesenheit vorausgeht, dass der Mensch sein Wesen schafft, indem er handelt, dass er das ist, wozu er sich Kraft seiner Wahl macht. (…) Ist das eine Philosophie der Verzweiflung? Ja, wahrscheinlich, wenn man darunter versteht, dass wir den transzendenten Hoffnungen der Metaphysik und Religion keinerlei Sinn zugestehen.«[137] Dabei verleugnet Sartre nicht die Tatsache faktischer Hindernisse. Im Gegenteil, die Bipolarität von »Faktizität« und eigenem »Entwurf« macht das Wesen des Menschen aus, dessen Verantwortung es bleibt, sich dem Faktischen gegenüber zu positionieren. Dadurch wird diesem Faktischen sein Wesen, eventuell als Hindernis unserer freien Entfaltung, erst zugesprochen. Erst durch meine freie Zuschreibung eines Zweckes erhält das Faktische einen bestimmten »Widrigkeitskoeffizienten«[138]. Dies erläutert Sartre in »Das Sein und das Nichts« sehr eindrücklich und psychotherapeutisch brauchbar anhand eines im Wege liegenden Felsens, der, wie viele Problemstellungen der Psychotherapie auch, erst durch unsere Entscheidung zu einem Hindernis wird.

Auch der »Wandel der Zeit« stellt das Freiheitspostulat an den Anfang therapeutischer Veränderung, denn im Unterschied zu den Zeiten Freuds »müssen die Menschen heute eher mit der Freiheit als mit unterdrückten Trieben umgehen lernen«[139]. Zudem ging es in den historischen Jahren der Psychoanalyse nicht selten um die neurotischen Symptome als Folge von zu wenig (z.B. sexueller) Freiheit, »heute ist es eher das Zuviel an Freiheit, das ihm zu schaffen macht«[140]. Schwierig wird das Freiheitsthema in den postmodernen Gesellschaften vor allem durch die diesen innewohnenden ungeregelten z.T. auch enthemmten und multioptionalen Räume, die wiederum die Grundlage des vorherr-

---

136 Bieri, 2009, S. 101
137 Sartre, zit. nach Galle, 2009
138 Sartre, 2000, S. 834
139 Yalom, 1980/2000, S. 267
140 Münch u. a. 2009, S. 10

schenden ökonomischen Systems bilden[141]. Eine existenzielle Verunsicherung ist die notwendige und unvermeidbare Folge, und Menschen, die diese wahrnehmen, füllen die Wartezimmer der Psychoberufe auf der Suche nach Orientierung und z.T. sogar Führung. Dabei ist »das vom Individuum geforderte [ist] nicht, in jeder Situation das Vernünftige zu tun, sondern sich in jeder Situation zu entscheiden, wer man konkret werden und sein will«[142].

»Unsere Freiheit ist die Freiheit, uns für oder gegen etwas zu entscheiden«[143], und Woody Allen ergänzt scharfsinnig: »Der Mensch ist das einzige Lebewesen, das einem Kellner sein Trinkgeld vorenthalten kann«[144]. Wie die existenziellen Philosophen, so müssen auch die Psychotherapeuten auf der Wahlmöglichkeit ihrer Patienten bestehen. Selbst zu unbewussten Kräften, darauf hat etwa C. G. Jung immer wieder hingewiesen, kann sich das Ich/der Ich-Komplex wählend verhalten und somit Verantwortung übernehmen.

Übung: Die Vergegenwärtigung der Freiheit beim »Shoppen«: »Jede Wahl, alles was du zu tun oder zu kaufen entschieden hast, kannst du benutzen, um dich selbst zu analysieren (…) Durch die Wahl werden wir zu Menschen und bleiben nicht bloße Gartenzwerge. Es ist die Fähigkeit zu wählen, die zeigt, dass ein jeder von uns in seiner tiefsten Existenz frei ist«[145]. Die Aufgabe ist also, jede einzelne Wahl (etwa eines T-Shirts) auf ihre Freiheitsparameter abzuklopfen! Analysiert werden in der Übung wie in der Therapie zum einen, was genau gewählt worden ist, und zum anderen der exakte Vorgang der Wahl selbst.

Warnungen vor einer Überbewertung der Freiheit kommen aus Philosophie und Theologie. V. a. die Materialität des Menschen, die Stofflich-

---

141 Schneider, 2003
142 Mader, 2005, S. 371
143 Bieri, 2009, S. 54
144 Allen, 2009, S. 173
145 Kierkegaard, zit. nach Harris u. Lagerström, 2009, S. 95/98

keit seines Körpers, mache ihn unfrei und wahre Freiheit entstehe erst für eine den Körper verlassende Seele. Auch auf die Tatsache, dass Einschränkungen der (äußeren) Freiheit bisweilen mit einem erhöhten Sicherheitsgefühl einhergehen und dass äußere Freiheitseinschränkungen gar mit einem Zugewinn an innerer Freiheit einhergehen können (wie dies etwa Ordensleute verschiedenster religiöser Ausrichtungen berichten), sei hingewiesen. Die nicht wahrgenommene Freiheit bedeutet jedoch in der Sprache der Existenzialisten ein unauthentisches (Heidegger) oder unwahrhaftiges (vgl. Sartres »mauvaise foi«) Leben: Man macht sich unberechtigterweise vor, etwa wegen des Charakters oder äußerer Umstände nicht wirklich frei zu sein, wird dadurch (an sich selbst) schuldig (s. u.) und erkrankt. In der Logotherapie finden wir dazu die nützliche Unterscheidung zwischen dem die Freiheit annehmenden Handeln und dem unfreien und ein Krankheitsrisiko bergenden bloßen Reagieren. Die zu stellende Frage wäre: »Lebe wirklich ich mein Leben oder lasse ich es von oder durch etwas bzw. jemanden anderen leben?«

Freiheit ist allerdings nicht zum Nulltarif zu haben, was wohl die Ursache für das hartnäckige Ableugnen derselben bei vielen Menschen sein könnte. Sie impliziert mit der Wahl auch Verantwortung und damit eventuell eben auch Schuld. Während aber im Alltagsgebrauch Schuld als Folge einer falschen Wahl gefürchtet wird, drehen die existenziellen Philosophien den Spieß um und meinen, wirklich schuldig wird der Mensch, wenn er die ihm innewohnende Freiheit nicht wahrnimmt. Für die Therapie folgt die zwingende Unterscheidung zwischen neurotischer Schuld (Schulderleben aus Gründen von Komplexbildungen, dysfunktionaler Identifizierungen oder Internalisierungen), tatsächlicher Schuld sowie existenzieller Schuld, Letztere folgend wie gesagt aus dem aus mangelnder Freiheitsübernahme sich ergebenden ungelebten Leben. Aber mit dem Freiheitsthema assoziiert ist nicht nur die Schuld. Es ist auch, und vielleicht noch viel grundlegender, die Angst, die aufkommt, wenn wir uns unserer Freiheit bewusst werden: »So ist die Angst der Schwindel der Freiheit. Sie entsteht, wenn die Freiheit (...) in ihre eigene Möglichkeit hinunterschaut«.[146] In dieser Metapher

---

146 Kierkegaard, 2009, S 281

des Hinunterblickens finden wir auch einen grundlegenden existenzialistischen Topos, nämlich den des Abgrundes, angedeutet, ein Begriff, der nach Kierkegaard bei Heidegger, Sartre und Camus zu finden ist. Der Abgrund ist das Gewahrwerden der existenziellen Bedingtheiten des Menschen, er erfordert ein Stück Furchtlosigkeit, Risikobereitschaft oder auch Trotz, um den notwendigen »Sprung« zu wagen.

Verantwortung wird nicht für das uns Widerfahrende oder für die daraus folgenden Gefühle gefordert, sondern vor allem für die eigene Einstellung und Haltung zu den Geschehnissen und den eben damit verbundenen Gefühlen! Die Betonung der Verantwortung führt notwendigerweise zur Fokussierung auf die Entscheidung(en) des Patienten. Das in Therapien häufig zu hörende: »Ich kann nicht anders« – »Es überkommt mich« ist ein »Übergehen des Nachdenkens«[147]. Die nicht selbstdistanzierte und -reflexive Position, der mangelnde »kritische Abstand zu sich selbst«[148] ist die Quelle der Unfreiheit. Freiheit entsteht sogar und erst recht in Reaktion auf uns Widerfahrenes: »... wenn wir selber versuchen, etwas, das uns angetan wurde – aus Unverstand, Bosheit oder auch Neid – auf seine Bedeutung für uns selbst zu befragen, unabhängig davon, wie andere es gemeint haben mögen. Welche Bedeutung kann ich diesem Vorkommnis geben, im Blick auf mein eigenes Verständnis meines Lebens, meines Schicksals?«[149]

Wie der Schlusssatz von Camus' Mythos des Sisyphos: »Wir müssen uns Sisyphos als einen glücklichen Menschen vorstellen«[150] zeigt, gibt es innerhalb des existenzialistischen Denkens wie übrigens auch in den spirituellen Traditionen den Ansatz, dass oft erst durch eine substanzielle Einschränkung der äußeren Freiheit (z. B. durch Krankheit, aber auch etwa freiwillig durch einen Klostereintritt) der Mensch an sein eigentliches Wesen herankommen könne, so dass unsere Patienten u. U. auch darin angeleitet werden können, die äußeren Einschränkungen zur Erweiterung ihres inneren Freiheitspotenzials zu nutzen.

---

147 Bieri 2009, S. 91
148 ebenda
149 Riedel, 2010, S. 13
150 Camus, 2011, S. 145

Kritiken am existenzialistischen Freiheitsbegriff kommen aus der Psychoanalyse (hier v. a. vom französischen Psychoanalytiker und Philosophen Jaques Lacan), aber wie erwähnt auch aus der Philosophie selbst. Foucault etwa bezeichnet das Freiheitspostulat als Illusion und Selbsttäuschung[151]. Erkenntnistheorien weisen auf die nicht innerhalb der Freiheit des Menschen liegenden Grenzen des Raums und der Methoden des Erkennens hin. Spirituelle Traditionen wiederum sehen in der fast verabsolutierten Freiheitsannahme den Versuch des Menschen, sich seine Abhängigkeit von Dingen oder Wesen, die ihn übersteigen könnten, nicht zuzugestehen, und fordern mehr Demut ein. Schon 1781 wurde hier von Immanuel Kant ein u. U. weiterhelfender und therapiepraktisch nützlicher Vorschlag gemacht, der einfach ausgedrückt auf die Unterscheidung zwischen *Ursachen*, die der menschlichen (Wahl-)Freiheit entzogen von außen und schicksalsmäßig das Individuum treffen, und den *Gründen*, die der freien Entscheidung des Einzelnen zugänglich sind[152], hinausläuft.

Literatur zum Weiterlesen

Bieri P (2009) Das Handwerk der Freiheit. Über die Entdeckung des eigenen Willens

Pothast U (Hg.) (1978) Seminar: Freies Handeln und Determinismus.

Sinn – Die Frage nach dem Warum und Wozu

> »*Wir verlangen, das Leben müsse einen Sinn haben – aber es hat nur ganz genau so viel Sinn, als wir selber ihm zu geben imstande sind.*«
> (Hermann Hesse[153])

---

151 z. B. Galle, 2009, S. 10
152 Kant, 1986
153 Hesse, 1981, S. 465f.

Die geistesgeschichtliche Epoche der Moderne verband mit der Freiheitsfrage auch die Frage nach dem übergeordneten (Lebens-)Sinn. Die Sinnfrage müsse sich verankern in einer grundsätzlichen Freiheit, der Sinn müsse frei aufgesucht werden können. Und der Frage nach dem Sinn könne, so die einhellige Meinung in Philosophie und Tiefenpsychologie, nicht wirklich entkommen werden, denn »So wie der Körper der Nahrung bedarf, und zwar nicht irgendwelcher, sondern der ihm zusagenden, so benötigt die Psyche den Sinn ihres Seins.«[154]

»Hat man sein *Warum?* des Lebens, so verträgt man sich fast mit jedem *Wie?*«, meint Friedrich Nietzsche in den Sprüchen seiner -»Götzen-Dämmerung«[155]. Die Bedeutung der Sinnfrage für die Psychotherapie ist damit gesteckt. Dabei wird der Sinnbegriff in unterschiedlicher, z. T. widersprüchlicher Weise gebraucht. Sinn als Verstehensweise, Sinn als Ziel und Zweck, Sinn als »Ursache«, Sinn als lexikalisch Auszulegendes oder Sinn als Sinnhaftigkeit – in diesen und weiteren Gebräuchen findet sich der Terminus in der Literatur. Sinn hat auch mit dem Finden von Zusammenhängen und Zusammengehörigkeiten zu tun. In unserem Kontext ist die Frage nach dem Sinn des Daseins, der eigenen Existenz und der Existenz des Universums gemeint, also die Suche nach einer ganz grundsätzlichen »Sinnerfahrung, die eine gelungene Sinnfindung voraussetzt«[156] und die als »existenzielle Sinnsuche« immer wieder mit Spiritualität gleichgesetzt wird.[157]

Die existenziellen Philosophen aber stellen den Menschen nicht nur vor die Sinnfrage, sie geben ihm auch gleich eine Antwort mit, ihre Erkenntnis der existenziellen Sinnlosigkeit, der »*tendre indifférence du monde*«, eine Sichtweise, der auch Freud nicht fern stand »Das Leben des Menschen ist ein zeitlich begrenzter Sieg über die Schwerkraft«, meint denn auch folgerichtig der Kunsthistoriker Ulrich Bischoff[158] anlässlich des oft existenzialistisch motivierten Werks Edvard Munchs. Es ist dieses und nichts mehr.

---

154 Jung, 1945a, GW Bd.13, § 476
155 Nietzsche, 1984, Sprüche 12
156 Hillman, 2010, S. 135
157 Schaupp, 2017
158 Bischoff, 2011, S. 99

Diese von den Existenzialisten vertretene Tatsache der letztendlichen Sinnlosigkeit der Existenz erzeugt Angst und Verzweiflung und muss abgewehrt werden. Die Abwehr, so die Philosophen in mehr oder weniger psychotherapeutischer Manier, muss zeitweise bewusst gemacht und durchschaut sowie selbst bestimmt und verantwortet werden. Ohne jegliches Gefühl von Sinn könne der Mensch auf die Dauer aber nicht existieren. Die Sinnfrage birgt die Frage nach dem Suizid: »Zwecklos … Es gibt keinen Gott, es gibt keinen Sinn im Leben. Nichts von Dauer … Warum diese Absurdität nicht beenden? Warum in diesem sinnlosen Maskentreiben namens Leben fortfahren?«, fragt Woody Allen[159].

Diese einseitige Parteinähe für die Sinnlosigkeit der Existenz kann die Sache des Psychotherapeuten nicht sein, auch wenn er selbst dieser Sicht eventuell anhängt. Zudem werden in der Philosophie durchaus auch gegenteilige Meinungen vertreten, so z. B. dass es gerade im Wesen der Liebe liege, Sinn zu schaffen.[160] Die therapeutische Situation jedoch verlangt Neutralität, was auch und vor allem für weltanschauliche Fragestellungen gilt: »Die Welt, in die wir hineingeboren werden, ist roh und grausam und zugleich von göttlicher Schönheit. Es ist Temperamentssache zu glauben, was überwiegt: Die Sinnlosigkeit oder der Sinn (…) Wahrscheinlich ist, wie bei allen meta-physischen Fragen, beides wahr, das Leben ist Sinn und Unsinn, oder es hat Sinn und Unsinn. Ich habe die ängstliche Hoffnung, der Sinn werde überwiegen und die Schlacht gewinnen«[161].

Einschub: Sinnforschung
Nach längerer Durststrecke hat das Sinnthema auch in der akademischen empirischen Forschung wieder verstärkt Fuß gefasst. Hier sei besonders Tanja Schnell von der Universität Innsbruck und ihre »Psychologie des Lebenssinns«[162] genannt. Unter http://www.sinnforschung.org gibt es eine Fülle hochinteressanter Forschungsergebnisse.

---

159 Woody Allen, 2007, S. 127
160 Schmid, 2015, S. 21
161 Jung, zit. nach Jaffé, 1962, S. 360
162 Schnell, 2016

3. Vorlesung: Existenzielle Themen

Für die positivistisch ausgerichtete Erforschung der Sinnfrage steht vor allem der von dem Münchner Psychologen Martin Fegg und seiner Gruppe vorgestellte SMiLE-Fragebogen[163]. Er dient der Erforschung der Relevanz und der Funktion der Sinnfrage im menschlichen Leben und misst diese durch die Formel: Wichtigkeit x Zufriedenheit eines abgefragten Parameters. Vier »übergeordnete Kategorien«, die ein Sinnerleben ermöglichen, werden dargestellt: Selbsttranszendenz (z. B. Spiritualität, Beziehung zu Tieren), Erholung (z. B. Gesundheit, Freizeit), Beziehungen (z. B. Familie, Partner) und Selbstbezogenheit (z. B. Finanzen oder Beruf). Die Ergebnisse weisen auf die Rangfolge Familie, dann Arbeit, dann erst Gesundheit, Freizeit etc.

Unter www.lebenssinn.net bieten die Autoren eine Online-Version des Fragebogens mit anschließender Auswertung (»persönlicher Gesamtzufriedenheitsindex« etc.) und Gruppenvergleich sowie »Anregungen zur Verbesserung der Zufriedenheit« an.

Für die klinisch-psychologische Relevanz der Sinnfrage weist C. G. Jung darauf hin, die psychische Erkrankung könne letztendlich verstanden werden als ein »Leiden der Seele, die ihren Sinn nicht gefunden hat«[164]. In der psychischen Störung liege dann der Sinn gefangen: »Man sollte nicht suchen, wie man die Neurose erledigen kann, sondern man sollte in Erfahrung bringen, was sie meint, was sie lehrt und was ihr Sinn und Zweck ist. Ja, man sollte lernen, ihr dankbar zu werden, sonst hat man sie verpasst ... Nicht sie wird geheilt, sondern sie heilt uns«[165], so sein durchaus radikaler Standpunkt.

Während der zweite »Sinnspezialist« unter den Psychotherapeuten, Viktor Frankl, den konkreten Sinn des konkreten Menschen in der jeweiligen konkreten Situation unterscheidet von einem »Über-Sinn«[166] und Erlebniswerte, schöpferische Werte und Einstellungswerte als die

---

163 Fegg u. a., 2008
164 Jung, GW Bd. 11, § 497
165 Jung, GW Bd. 10, § 361
166 Frankl, 2004

»Drei Hauptstrassen zum Sinn« entwickeln will[167], geht es Jung um Weltbeziehung, Selbstbeziehung und die Beziehung zur Transzendenz[168]. Beide, Jung wie Frankl, hätten sich aber darin einig werden können: Nicht das einzelne Individuum selbst hat die Frage nach dem Sinn zu stellen, sondern sie sind als existenziell Befragte und Befragter aufgerufen, einen Sinn zu finden. An dieser Stelle zeigen sich auch Kontroversen und Überschneidungen bezüglich Existenzialismus und Spiritualität in der Reaktion auf die Sinnfrage: Der Sinn müsse konstruiert und erfunden werden, so der Existenzialismus, denn es gelte eine »nackte Kälte des letzten Grundes menschlicher Existenz«[169]. Dagegen steht die oft in den spirituellen Traditionen zu findende Ansicht, der Sinn müsse (lediglich) gesucht und entdeckt werden: »Sinn kann nicht gegeben, sondern muss gefunden werden«, so Frankl[170]. In der von ihm entwickelten Logotherapie findet sich auch die begriffliche Abgrenzung eines »existenziellen Sinns«, der situativ und subjektiv für einen Menschen, der sich auf Werte bezieht, entstehen kann, von einem sog. »ontologischen Sinn«, dem Sinn des Weltganzen überhaupt.

Es wird u. a. die enge Verknüpfung der Sinnfrage mit der Wertefrage deutlich: Werte schaffen Sinn! Um diese aufzufinden, ist die berüchtigte »universelle Galgenprobe« Kants anzuführen mit der Frage: »Würde ich mich dafür hängen lassen?«[171]

Auf die enge Verknüpfung des Sinnthemas mit den anderen existenziellen Themenbereichen weist z. B. die derzeit einflussreichste jungianische Psychoanalytikerin, Verena Kast, hin, wenn sie feststellt, angesichts des Todes stelle sich die Sinnfrage »radikal«[172].

Für die psychotherapeutische Arbeit heiß dies: Auch wenn »kleine« Sinneinheiten, die etwa im Einnehmen einer bestimmten sozialen Rolle (Chef, Künstler, Mutter, Partner etc.) oder dem Vollbringen bestimmter Leistungen (Prüfung, Sport etc.) bestehen durchaus von Nutzen sind und nicht unbeachtet bleiben sollten: Ein wirkliches und die »Ups and

---

167 Längle, 2007
168 Schock, 1994
169 Mensch, 2008, S. 11
170 Frankl, 1977, S. 28
171 Pfaller, 2011
172 Kast, 1999, S. 87

Downs« des Alltags überstehendes Sinnerleben liegt nicht in diesen, von der Analytischen Psychologie Jungs als »Persona«-Variablen bezeichneten Lebensaspekten, sondern es ist dahinter zu finden, denn wie erneut Verena Kast meint: »Sinn verbinden wir mit Veränderung zu etwas Umfassenderem hin«[173]. Die therapierelevante Umsetzung der Sinnfrage erfolgt im Prinzip der Teleologie bzw. Finalität, der Annahme einer grundsätzlichen Ziel- und Zweckgerichtetheit des menschlichen Strebens, ungeachtet dessen, ob Ziel und Zweck wirklich gefunden werden können (▶ 5. Vorlesung): »Man fragt sich nicht länger: Welchen Sinn hat mein Leben?, sondern man ist erfüllt vom Sinn selbst«[174].

Der Frankl-Schüler Längle[175] schlägt hierzu u.a. folgende »Sinn-Übung« vor:
»Für welchen Wert habe ich schon einmal in meinem Leben gekämpft, ihn gegen Widerstand aufrechterhalten, dafür gelitten. Was hat mich in dunklen Stunden, in Krisen meines bisherigen Lebens getragen (materiell, physisch, emotional, beziehungsmäßig, spirituell)?«

Einschub: Vom Nutzen der Sinnlosigkeit und der »dunkle Sinn«
Neben der existenzialistischen Sicht, dass die Einsicht in die letztendliche Sinnlosigkeit unserer Existenz richtig, wichtig und notwendig für die weitere Entwicklung sei, gibt es andere, pragmatischere Nutzungsvarianten einer erkannten Sinnlosigkeit, die in einer positivierenden Sicht dann auch als Sinnfreiheit bezeichnet werden kann. Sinn- und zweckfreies Tun finden wir etwa oft beim Spielen oder wenn wir unseren Hobbys nachgehen, beide Tätigkeiten sind nicht selten sogar dadurch definiert, dass sie nicht einem festgelegten Sinn folgen und ihren Nutzen für den Einzelnen gerade aus dieser Tatsache schöpfen. Zu diesem Themenkreis gehört auch die in unserer

---

173 Kast, 2004, S. 11
174 Jung, 1940/2008, S. 74
175 Längle, 2007, S. 60

Leistungs- und Machbarkeitsgesellschaft so verpönte und von vielen Menschen kaum auszuhaltende Langeweile. Sie entsteht z. B. durch das Gefühl, kein sinnvolles Vorhaben parat zu haben. Von der jungianischen Analytikerin und Autorin Verena Kast lernen wir, dass gerade in dieser schwierigen Emotion der Langeweile Entwicklungsschätze, wie etwa die Möglichkeit, mein ureigenes Interesse (wir könnten in unserem Zusammenhang sagen: meine ureigenen Sinnkomponenten) darin zu finden, verborgen sein können, wenn wir uns nur darauf einlassen[176]. Sinnfreiheit kann also beruhigen, entspannen und neue Kräfte freisetzen, ja sogar die Entwicklung voranbringen. Einige wichtige Schulrichtungen des Zen-Buddhismus gehen sogar so weit, dass die Meditation über einen sinnfreien Spruch, ein *koan*, der Königsweg zur Erleuchtung sei. In der modernen Traumatherapie wurde daraus die »Sinnlosigkeitsübung« abgeleitet, die darin besteht, sich ein sinnloses Wort zusammenzubauen und es in Entspannungsübungen einzuflechten, um den traumabedingten »Gedankenterror« zu unterbinden.[177]

Unter dem Stichwort des »dunklen Sinns« sind diejenigen Erkenntnisse zusammenzufassen, die subjektives Sinnerleben in negativem etwa destruktivem Handeln betrachten. Zu selbstverständlich wird häufig die Sinnvokabel affirmativ konzipiert und Sinn per se ins Positive hinein gedeutet. Das einem Sinnerleben vorausgehende Verfolgen übergeordneter Ziele[178] sagt zunächst nichts über den ethischen Gehalt dieser Ziele aus. Sinnerfüllung ist primär ein jenseits moralischer Kategorien anzusiedelndes Geschehen, wie wir etwa von Aussagen terroristischer Gewalttäter wissen, denen ihr Handeln Sinnerleben bescherte und die andererseits die Sinnhaftigkeit ihres Tuns gerade durch dessen Destruktivität begründen.

Das Erleben von Sinnlosigkeit, soviel dürfte deutlich geworden sein, kann zu einer breiten Palette klinischer Symptome führen. Allen voran

---

176 Kast, 2003
177 Fischer, 2003, S. 56f
178 Schnell, 2016, S. 27

ist das depressive Fühlen und Denken zu nennen, das sich nicht selten fast ausschließlich um die nicht beantwortete Sinnfrage zu drehen scheint. Im anglo-amerikanischen Raum wird im Umfeld von palliative-care zunehmend auf die eigentlich aus der Kriegsführung bekannte sog. Demoralisierung hingewiesen, die sich von der klassischen Depression unterscheiden lässt. Ihre Hauptsymptome sind: »(1) lack of control over one's life, (2) that life was a burden rather than a gift, (3) that life has been worthless, and (4) that life lacks meaning and purpose. The three other symptoms are: (5) feeling anger/bitterness about the cancer diagnosis, (6) that without their health life is empty, and (7) that the future holds no meaning«[179]. Die deutliche Zentrierung der Ausarbeitung des Demoralisierungssyndroms in Richtung auf das Sinnthema wird hier eindrücklich.

Literatur zum Weiterlesen

Erlach P, Reisch T (Hg.) (2010) Vom Sinn des Lebens
Fehige C, Meggle G, Wessels U (Hg.) (2004) Der Sinn des Lebens
Schmid W (2013) Dem Leben Sinn geben

Einsamkeit – Das letztendliche Getrennt-Sein

> *»Seltsam, im Nebel zu wandern!*
> *Leben ist Einsamsein.*
> *Kein Mensch kennt den andern,*
> *Jeder ist allein«*
> (Hermann Hesse[180])

Der existenziell ausgerichtete österreichische Philosoph Jean Amery beschreibt in seinem unbedingt lesenswerten Buch »Hand an sich legen« »... die Fundamentalkondition der Einsamkeit des in die feindselige

---

179 Jacobsen u. a., 2006, S. 13
180 Hesse, 1991, S. 236

Welt hinausragenden Subjekts«[181]. Die »Existenzphilosophie« lässt sich mit Fug und Recht als eine »Philosophie radikaler Vereinzelung«[182] bezeichnen, und die Existenzialisten stellen sich mit ihrer Fokussierung auf ein basales Einsamkeitserleben wohl ungewollt in die Tradition abendländischer Geistesgeschichte, zumindest bis in die Romantik, vielleicht sogar bis zu den alten Griechen zurück. In Kunst und Literatur ist das Einsamkeitsmotiv augenscheinlich äußerst inspirierend, klassische Romane, wie etwa der 1927 erschienene Roman *Steppenwolf* von Hermann Hesse[183], nehmen sie ins Zentrum. Die hier beschriebene Einsamkeit geht weit über unser alltägliches Gefühl des Alleinseins oder die sozialpsychologisch formulierte Begrifflichkeit des nicht dem Zeitgeist entsprechenden Von-anderen-getrennt-Seins hinaus, die in Chatrooms, Singlebörsen und Speed-Datings »bewältigt« oder gar »überwunden« werden soll[184]. Sie unterscheidet sich auch fundamental von einem bloß physischen Alleinsein, aber auch vom erstrebenswerten Alleinsein mancher spiritueller Traditionen, das nach der Erkenntnis eines All-Einen notwendig folgen muss[185] oder das unabdingbarer Bestandteil spiritueller Disziplin zu sein hat (etwa bei Asketen und Einsiedlern). Es geht vielmehr um »… eine Isolation, die trotz höchst befriedigender Verbindungen zu anderen Menschen und trotz vollständiger Erkenntnis und Integration weiter besteht. Existenzielle Isolation bezeichnet einen unüberbrückbaren Abgrund zwischen sich selbst und anderen Lebewesen. (…) – eine Trennung zwischen dem Menschen und der Welt«[186]. Die dazugehörige Emotion ist die »Fremdheit«, Heideggers »unheimlich« (nicht daheim) in der Welt sein, das Gefühl »völliger Ungeborgenheit, des ganz und gar Auf-uns-selbst-gestellt-Seins (…) eine hoffnungslos erscheinende Leere, und uns erfasst eine gegenstandslose, unbestimmte Angst…«[187]. Diese Angst folgt zwangsläufig, ja sie ist gar die Bestätigung, das Leben in seiner grundlegenden Getrenntheit ver-

---

181 Amery, 1976/1992, S. 120
182 Marquard, 2011, S. 13
183 Hesse, 1927/2007
184 Cacioppo u. a., 2011
185 vgl. z. B. Krishnamurti, 2000
186 Yalom, 1980/2000, S. 421
187 Riemann, 2011, S. 220

standen zu haben. Es geht also durchaus auch darum »Einsamkeit als Teil der Lebenskunst zu entdecken«, wie Mariela Sartorius[188] in ihrem »Einsamkeits-Bestseller« so treffend formuliert, jedoch ohne sie auf Abschaffbares zu reduzieren. In Jung'scher Sicht wird dieses Postulat noch radikaler: Fremdheit ist dann interpersonell *und* intrapsychisch: Wir haben auch Fremdes *in* uns: »Das archetypische Selbst schließt das Fremde als Möglichkeit meines Seinskönnens mit ein«[189]. Die jungianische Psychoanalytikerin Joanne Wieland-Burston weist zusätzlich darauf hin – und hier haben wir wieder einen deutlichen Unterschied zwischen einer rein existenzialphilosophischen und einer psychologischen Betrachtung vor Augen –, dass das Einsamkeitserleben eben manches Mal auch mit innerpsychischen Dynamiken verquickt ist: »Der einsame Mensch fühlt sich allein, in einer Welt ohne Empathie. Das ist oft jedoch die Projektion einer intrapsychischen Situation. Der Außenwelt wird etwas zugeschrieben, was in der Person selbst liegt, Teil von ihr ist«[190].

Obwohl grundsätzlich durchaus existenzialistisch inspiriert, widerspricht der jüdische Philosoph Martin Buber (1878–1965) hier entschieden: Der Mensch existiert aus seiner Sicht nicht als getrennte Einheit, er ist eine »Kreatur des Zwischen«. Seine Aufgabe sei es, von einer Ich-Es-Beziehung (funktional) zu einer wirklichen Ich-Du-Beziehung (in Gegenseitigkeit) zu gelangen[191]. Dies ist von hoher Relevanz für die therapeutische Beziehung. Vor allem, aber bei weitem nicht nur in der Arbeit mit narzisstisch verwundeten Menschen, ist diese Umwandlung Zentrum des tiefenpsychologisch verstandenen Therapiegeschehens. C. G. Jung hat hier eine ganz ähnliche Sicht, wenn er meint: »Im tiefsten Sinne träumen wir alle nicht aus uns, sondern aus dem, was zwischen uns und dem anderen liegt«[192].

Der in freudianischer Tradition stehende britische Psychoanalytiker D. W. Winnicott (1896–1971) formuliert die »Capacity Of Being Alone«[193] (1958) als Entwicklungsstadium und durchaus existenzialistisch

---

188 Sartorius, 2006, S. 9
189 Lesmeister, 2010, S. 273
190 Wieland-Burston, 1995, S. 78
191 Buber, 1963
192 Jung, Briefe I, S. 223
193 Winnicott, 1958/1974

angehaucht als »the basis of the capacity to be alone is a paradox; it is the experience of *being alone while someone else is present*«. Die unterstützende Mutter wird, wenn alles gut läuft, als haltende »innere Umwelt« introjiziert, und Einsamkeit wird ertragen.

In jüngerer Zeit ist das Einsamkeitsthema in den deutschsprachigen Ländern gewissermaßen »in Mode« gekommen. Einsamkeitserleben setzt den Menschen nachweislich einem erhöhten Risiko von körperlichen und psychischen Erkrankungen aus, Einsamkeit wird gar – in nicht existenzialistischer Manier – als »unerkannte Krankheit« in der Folge eines »Lebens als Singular« bezeichnet[194]. Und die Fluchtbewegungen vor diesem Erleben münden in geschäftige Hektik oder dem raschen Suchen nach einsamkeitsvertreibenden, aber wenig befriedigenden Beziehungen. Aber das Einsamkeitsthema ist, wie alle existenziellen Themen, nicht ausschließlich negativ zu besetzen. Nicht nur die genannten spirituellen Disziplinen, auch viele »profane« Autoren weisen auf die Notwendigkeit des Erlebens von Einsamkeit für die Selbstentwicklung hin und betonen eine notwendige Balance zwischen Alleinsein und Bezogenheit[195].

Einsamkeit gemahnt an den Tod und umgekehrt. »Die existenzielle Einsamkeit des Sterbenden«[196] ist eine der Herausforderungen der Todesnähe, die bereits zu Lebzeiten durch die Beachtung der existenziellen Einsamkeit des Menschen einzuüben sein könnte. Im Gegensatz dazu aber entwickelten sich zahlreiche Abwehrmechanismen gegen das Eingeständnis der existenziellen Einsamkeit. Es sind dies vor allem[197]:

- Ruhmsucht,
- der Versuch, mit anderen zu verschmelzen,
- das Aufgeben der Individualität in Beziehungen,
- die unhinterfragte Identifikation mit den Werten der Gesellschaft,
- kein Ausdruck von Wut und Ärger,
- die Einnahme einer Retterrolle,

---

194 Spitzer, 2018, S. 13
195 z. B. Wieland-Burston, 1996
196 Elias, 1982
197 Yalom, 1980

- sexuelle Zwänge,
- Religion.

Sie alle versuchen, uns mit anderen auf irgendeine Art und Weise zu verbinden und uns eine existenzielle Gemeinsamkeit vorzugaukeln. Wird diese Illusion durchschaut, können sich psychische Symptome entwickeln, die dann aber als adäquate Reaktion gedeutet werden können. Besondere Kritik erfährt das Einsamkeitskonzept der Existenzialisten vonseiten verschiedener tiefenpsychologischer Beziehungstheorien. So geht etwa Jung in seiner von der Alchemie abgeleiteten (therapeutischen) Beziehungskonzeption von einem gemeinsamen unbewussten Raum aus, der die Menschen untrennbar miteinander in kollektiven Schichten verbindet, und in großer Nähe dazu entwickelten die Selbstpsychologen ihre Beziehungsauffassung zur Intersubjektivität fort, die, im Unterschied zu einer »objektivistischen Epistemologie« postuliert, dass Patient und Therapeut sich im therapeutischen Prozess »wechselseitig regulieren«[198].

Eine Übung zum Einsamkeitsthema: Nehmen Sie sich einen Nachmittag Zeit. Suchen Sie sich einen ruhigen, »einsamen« Ort, sagen Sie Freunden und Familienangehörigen ab, und bringen Sie Ihre Haustiere anderweitig unter. Schalten Sie alle Kommunikationsmittel (Handy, Internet etc.) achtsam und schrittweise aus, verzichten Sie auf »indirekte Kommunikation«, etwa mit den Autoren eines Buches, wenn Sie lesen, oder Musikern bzw. Sängern, wenn Sie Musik hören. Definieren Sie einen festen Zeitbereich, und achten Sie darauf, was in Ihrem Inneren geschieht!

Das Einsamkeitsthema stellt, wie gesagt, einen direkten und unvermeidbaren Bezug zum Todesthema her, und dies auf zwei unterschiedlichen Wegen: Zum einen kann es, wie es z. B. bei Heidegger anklingt, als notwendige Voraussetzung eines »Werde der du bist« gelten, das in engen Bezügen zu anderen schwierig zu erkennen sei. Zum anderen aber

---

198 Jaenicke, 2006, S. 16

macht der Tod selbst einsam, ein Gefühl, das sowohl Sterbende als auch Trauernde berichten und das von diesen (zumindest zunächst) als unangenehm und ängstigend empfunden wird.

Literatur zum Weiterlesen

Cacioppo JT, Patrick WH, Wissmann J (2011) Einsamkeit. Woher sie kommt, was sie bewirkt und wie man ihr entkommt
Sartorius M (2006) Die hohe Schule der Einsamkeit. Von der Kunst des Alleinseins
Wagner UM (2011) Die Kunst des Alleinseins

Tod – Das alles Existenzielle enthaltende Menschheitsthema

> »Der große Tod, den jeder in sich hat,
> das ist die Frucht, um die sich alles dreht«
> (Rainer Maria Rilke[199])

Existenziell eingestimmte Menschen sind sich »stets bewusst der sich vertiefenden Dämmerung und der sich unbarmherzig nähernden, finalen Dunkelheit«[200]. So verwundert es nicht, wenn sämtliche existenzialistischen Hauptautoren dem Todesthema eine zentrale Rolle in der Erkenntnis des menschlichen Seins zusprechen. Der Tod, so wird argumentiert, ist zum einen die »Antithese« zum Leben«, gleichzeitig aber auch »Teil einer vollständigen Existenz, ein unveräußerliches Recht und ein grundlegendes Kennzeichen der Existenz«[201]. Vor allem auch Simone de Beauvoir mit ihrem Büchlein »Ein sanfter Tod«[202], ihrem Unsterblichkeitsroman »Alle Menschen sind sterblich«[203] und mit ihrem

---

199 Rilke, 2013, S. 292
200 Yalom, 2015, S. 225
201 Ai Weiwei, 2011, S. 231
202 Beauvoir, 1968/2008

Spätwerk über das Alter (»In den besten Jahren«[204]) ist hier zu nennen. Auch alle vier Protagonisten der oben dargestellten existenziell inspirierten therapeutischen Spezialdisziplinen, Ludwig Binswanger, Viktor Frankl, Rollo May und Carl Gustav Jung, schöpften ihr Interesse am Existenziellen aus eigenen Erfahrungen mit dem Todesthema, entweder der eigenen Todesnähe (Frankl, May und Jung) oder aber dem Tod eines Liebsten (Binswanger). Das konstellierte Todesthema »triggert« quasi alle anderen existenziellen Bereiche und verlangt geballt ihre Beachtung[205]. Es geht »um das jedem Sterblichen vertraute Gefühl der existenziellen Schwerkraft«,[206] dem nicht entkommen werden kann und auch nicht entkommen werden soll. So meint etwa Frankl, der Lebenssinn gehe »uns erst auf, wenn wir auf dem Totenbett liegen. Bestenfalls«[207], und die Einsamkeit Sterbender ist Thema zahlreicher fachlicher und journalistischer Publikationen[208].

Philosophen konstituieren – im Gegensatz zu den meisten Psychotherapeuten – ihre Disziplin von alters her als Auseinandersetzung mit dem Todesthema. Existenzielle Autoren fokussieren hier gerne auch das Problem des Suizids, um die existenzielle Situation darzulegen, so etwa Jean Amery in *Hand an sich legen*[209] oder Albert Camus in *Der Mythos von Sisyphos*[210]. Aber selbst innerhalb der Existenzialphilosophie ist die Antwort ihrer zentralen Denker auf das Todesthema divergent. Während etwa Heidegger mit dem »Vorlaufen zum Tode« diesem eine Sinnkomponente zubilligt, betont Sartre dessen letztendliche Absurdität und unsere Verantwortung, sich ihm gegenüber wie jedem Faktum gegenüber aufrichtig zu positionieren. Beide scheinen den Suizid im Übrigen abzulehnen. Bis heute ist »die Provokation des Denkens durch den unausweichlichen Tod«[211] die größte intellektuelle und sicher auch

---

203 Beauvoir, 1979
204 Beauvoir, 1969
205 Vogel, 2012b
206 Sloterdijk, 2011, S. 32
207 Frankl u. Lapide, 2005, S. 118
208 z. B. Gronemeyer, 2008
209 Amery, 1992
210 Camus, 2011
211 Sloterdijk, 2007, S. 30

emotionale Herausforderung für den Menschen, sich dem Eigentlichen seines Menschseins zuzuwenden. Deutlich ist etwa, »... dass es eben die Erfahrung vom Tode des Mitmenschen ist, welche in diese Frage (des Menschseins, Anm. d. V.) hineinführt, indem sie entdecken lässt, dass das sterbliche Alltagsleben des Menschen nicht seine Existenz sein kann noch die Existenz selbst«[212]. Es bildet sich der »existenzielle Kernkonflikt«, die »Spannung zwischen der Bewusstheit von der Unausweichlichkeit des Todes und dem Wunsch, weiter zu existieren«[213].

Das Todesthema impliziert also die drei weiteren vorher genannten existenziellen Grundthemen: Sinnen auf den Tod ist Sinnen auf Freiheit, so meint Montagne[214], und gleichzeitig ist er auch die größte Freiheitsbeschränkung überhaupt. Sterben und Todesnähe machen einsam und sie stellen unweigerlich die Frage nach dem Sinn. Es ist deshalb, so die existenziellen Psychotherapeuten, »die Bedingung, die es uns möglich macht, das Leben auf authentische Weise zu leben«[215], es »banalisiert das Banale«, und das »Studium der Psychopathologie« wird zum »Studium misslungener Todestranszendenz«[216]. Die Furcht der Therapeuten vor dem Todesthema scheint u. a. deshalb wohl am größten. Gleichzeitig zwingt uns der Tod in existenzieller Sicht zur Erkenntnis des Absurden unserer Existenz und der »zärtlichen Gleichgültigkeit der Welt« (»*la belle indifference du monde*«[217]) und ermöglicht dadurch erst wirkliches, nicht mehr auf Äußeres gerichtetes Glück (Camus). Wie bei den anderen existenziellen Themen geht auch hier der Weg wieder über die erlebte Angst. Choron[218] unterscheidet bereits 1964 die Furcht

- davor, was nach dem Tod kommt,
- vor dem Ereignis des Sterbens,
- vor dem Aufhören zu sein.

---

212 Landsberg, 1935/2009, S. 57
213 Yalom, 2000, S. 19
214 Montagne, 2001
215 Yalom, 1980/2002, S. 45
216 ebenda, S. 135
217 Camus, 1997
218 Choron, 1964

Und Woody Allen thematisiert, ob die Logik des Diesseits auf das Jenseits übertragbar ist (wovon so viele Jenseitsmythen auszugehen scheinen), wenn er fragt: »Weiterhin von Todesgedanken gequält grüble ich fortwährend nach. Ich frage mich beständig, ob es ein Leben nach dem Tode gibt, und wenn es eins gibt, werden sie in der Lage sein, einen Zwanziger zu wechseln?«[219]

Kierkegaard, der Vordenker aller modernen Angsterkenntnis[220], differenziert die Furcht vor *Etwas* und die Angst vor (dem) *Nichts*. Angst will dann zur Furcht werden, um ausgehalten werden zu können[221]. Psychische Störungen sind so betrachtet häufig »umgeformte Todesangst«[222], d. h., sie müssen auf diese ihre Ursache zurückgeführt werden, um sie unter existenziellen Gesichtspunkten zu verstehen und auszuhalten. Diese Sicht erinnert an den Freud-Schüler Otto Rank (1884–1939), der Lebensangst und Todesangst als eine grundsätzliche intrapsychische Dynamik/Dialektik betrachtete. Es sei im Endeffekt die Angst, sich als Einzelner dem Leben zu stellen vs. der Angst vor der Auslöschung als Einzelner. Weitergedacht ist dann »Todesangst (…) umgekehrt proportional zur Lebensbefriedigung«[223] oder, poetischer ausgedrückt: Die Angst vor dem Tode sieht Pascal Mercier als »Angst, nicht der werden zu können, auf den hin man sich angelegt hat«[224] und verweist damit auch auf ein weiteres grundlegendes Motiv, das der Finalität (▶ 5. Vorlesung).

Der große Unterschied zwischen dem Tod der anderen als einem »Geschehen in der Welt« und dem eigenen Tod als dem »Ende der Welt«[225] trägt auch den Divergenzen innerhalb der existenzialistischen Philosophie Rechnung. So fokussiert z. B. Heidegger mit seinem Begriff des »Sein zum Tode« die Antizipation des eigenen Todes, wohingegen Landsberg das »Mit-sein-zum-Tode«, den Tod des »Anderen, der ein

---

219 Allen, 1994, S. 11
220 Ermann, 2012
221 May, 1977
222 Yalom, 1980/2000, S. 62
223 ebenda, S. 248
224 Mercier, 2008, S. 655
225 z. B. Waldon, 2005

Nächster geworden« ist, als die entscheidende Folie der eigenen Todeserfahrung betrachtet.

Existenzielle Psychotherapeuten entdecken sodann Abwehrstrategien (Verleugnung) des Subjekts. Die maßgeblichen »zwei Bollwerke« gegen die absolute Erkenntnis des Todes formuliert Yalom hochmodern bereits in den 80er Jahren als

1. den Glauben an die eigene Besonderheit bzw.
2. den Glauben an einen letzten Retter[226].

Dies erinnert deutlich an die heutige Selbstpsychologie in der Folge des amerikanischen Psychoanalytikers Heinz Kohut (1913–1981), der zwei sogenannte »Selbstobjektbedürfnisse« beschreibt, Bedürfnisse also, die wir in mehr oder minder großem Ausmaß in uns tragen, um ein kohärentes und positives Selbstgefühl zu erhalten.

1. Bedürfnis nach Spiegelung der eigenen Grandiosität bzw.
2. Bedürfnis nach einem idealisiertes Anderen[227].

Die bereits an anderer Stelle erläuterte Hypothese[228], dass das erlebte Todesthema entwicklungsgeschichtliche Grundthemen (hier z. B. die Entwicklung des Selbst) wieder aufnimmt, zeigt sich hier erneut eindrücklich. D. h. für die psychotherapeutische Arbeit auch, das Erleben der existenziellen Themenbereiche beim Einzelnen auf der Folie der Biographiegeschichte zu betrachten und zu verstehen, bedeutet aber gleichzeitig, im Sinne von Jungs Individuations- und Finalitätstheorien, dass sich durch die Wiederholung von Entwicklungspsychologie in der Auseinandersetzung mit den existenziellen Themen und hier vor allem des Todesthemas eine vielleicht letzte Chance zum Ausgleich ergeben könnte. Dies ist im Übrigen eine Sicht auf das Sterben, die in allen großen spirituellen Traditionen angelegt ist, wenn sie etwa die enorme Bedeutung der »richtigen« Einstellung und der »adäquaten« Rituale im Sterbepro-

---

226 Yalom, 1980/2000, S. 120ff.
227 z. B. Kohut, 1981
228 Vogel, 2012a

zess betonen. Hier knüpfen wir auch an die Sicht vieler bedeutender Ethnologen an, die Todesangst und deren Verarbeitung als den Ursprung kultureller Entwicklung überhaupt ansehen (z. B. Baumann 1993).

Die Verleugnungsstrategien des Todesthemas im Einzelnen:

- Personifizierung des Todes (z. B. in der Legende des Brandner Kasper im Alpenraum);
- Einen selbst trifft's nicht (z. B. in der Abgrenzung von Verstorbenen des gleichen Jahrgangs: »Er hat geraucht, ich nicht«);
- Verspotten (vgl. dazu die derzeit einschlägigen Publikationen, etwa »Aus die Maus«[229] oder »Dumm gelaufen«[230]);
- Verwissenschaftlichen (etwa in der Vernaturwissenschaftlichung des Todes als »Hirntod«[231]);
- Pathologisieren (»Niemand stirbt an einer eigentlich nicht heilbaren Krankheit«).

Hinzu kommen klassische Abwehrformen wie die Verdrängung oder gar Spaltung. In der bereits erwähnten, vom Autor 2011 durchgeführten umfassenden Fragebogenuntersuchung an Psychotherapeuten auf bundesdeutschen Palliativstationen[232], den wirklichen Experten für das Todesthema also, stellte sich heraus, dass sogar in diesem Umfeld nicht wenige der Befragten angaben, das Thema Tod und Sterben nur selten im Gespräch zu haben (▶ Abb. 8).

In der therapeutischen Handhabung der Todesthemen werden zwei grundlegende Strategien vorgeschlagen:

1. »Der Therapeut sieht die Symptome des Patienten als eine Antwort auf die Todesangst an, die ihn gegenwärtig bedroht, nicht als eine Reaktion auf vergangene Traumata und Stresssituationen«[233].

---

229 Nölke und Sprang, 2009
230 Ceilan und Trinkaus, 2012
231 z. B. Schalke und Roosen, 2001
232 Vogel, 2011
233 Yalom, 1980/2000, S. 144

2. Der Therapeut interpretiert auch Übertragungsmanifestationen als Versuch des Umgangs mit dem Tod[234].

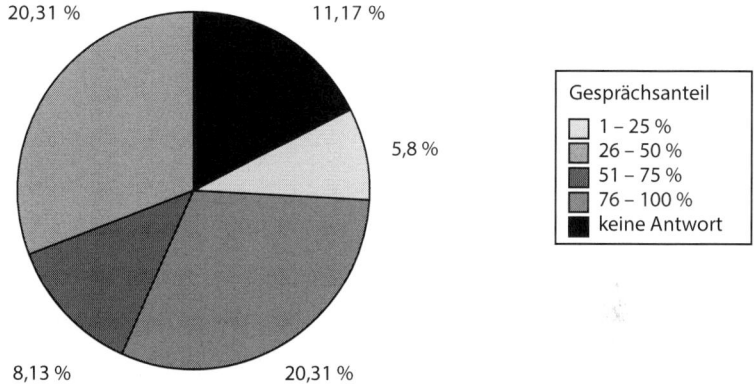

Abb. 8: Diagramm Palliativstudie 2011: Thematisierung des Todesthemas in % der Gespräche

Daraus entwickeln sich spezifische Schwerpunktsetzungen der therapeutischen Technik. Dies sind vor allem (Vogel 2012b):

- eine achtsame, Metaphern aufgreifende, Neutralität und Abstinenz reflektiert relativierende, »aushaltende« Art und Weise des Gesprächs,
- eine Fokussierung des Lebensrückblicks,
- eine Nutzung der Endphase der Therapie als Inszenierung von Endlichkeit schlechthin,
- Amplifikationen und bibliotherapeutische Techniken,
- Nutzung von Ritualen (Sterbe-, Trauer- und Bestattungsrituale),
- Nutzung kreativ-therapeutischer Methoden zur Kommunikation nicht verbalisierbarer Affekte,
- Nutzung von Träumen und Imaginationen.

---

234 ebenda, S. 235

> Als kurze Übung zum Todesthema empfiehlt sich z. B. das Schreiben einer »Autobiographie des Todes«: Es geht darum, »sein Leben anhand der Zeitachse von der Kindheit an nach Spuren des Todes zu durchforsten«[235]. Diese Spuren können Verluste von Menschen, Tieren oder Dingen ebenfalls umfassen wie das bewusste Erleben von Zeichen der Vergänglichkeiten, aber auch Dinge, die zum definitiv letzten Mal getan wurden.

Existenzielle Philosophen treffen sich also mit vielen spirituellen Traditionen in einem Memento-mori-Aufruf, auch wenn dieser aus sehr unterschiedlichen Herleitungen erwächst. Sartres Idee, dass wir durch unsere beständigen Akte des freien Wählens und aufgrund der Tatsache, dass die Wahl der einen Alternative alle anderen ausschließt, wahrhaftig existieren (»Wenn ich mich mache, mache ich mich endlich«[236]), erinnert z. B. an buddhistische Vergänglichkeitsmeditationen, wie sie etwa in dem alten, wohl aus dem 5. Jahrhundert stammenden Visuddhi-Magga-Text deutlich gemacht ist[237].

Literatur zum Weiterlesen

Frick E, Vogel RT (Hg.) (2012) Den Abschied vom Leben verstehen. Psychoanalyse und Palliative Care
Gehring P (2010) Theorien des Todes. Zur Einführung
Graf M (Hg.) (2007) Der Tod ist groß. Erzählungen und Gedichte aus 800 Jahren
Vogel RT (2012b) Todesthemen in der Psychotherapie. Ein integratives Handbuch zur Arbeit mit Sterben, Tod und Trauer
Vogel RT (2015b) »Der Tod ist groß, wir sind die Seinen«. Mit dem Sterben leben lernen

---

235 Vogel, 2012b, S. 205
236 Sartre, 2000, S. 60
237 Buddhaghosa u. a., 2002

4. Vorlesung
Generelle Konsequenzen für die Therapie

>»Es war ein existenzielles Schuldgefühl, das
>durch die unabweisbare Einsicht in die Ungewissheit
>des Lebens hervorgerufen wurde und
>nicht mit einem gewöhnlichen Alka-Selzer zu
>beheben war. Was hier vonnöten war, das war
>ein existenzielles Alka-Seltzer ...«
>(Woody Allen[238])

Allgemeine Überlegungen zum Existenziellen in der Psychotherapie

Die existenzialistisch inspirierte Perspektive eignet sich allgemein als Basis eines die Therapieschulen integrierenden bzw. übergreifenden Paradigmas, entweder durch

1. Schulenintegration aufgrund philosophischer Gemeinsamkeiten und »Komplementaritäten« der verschiedenen Schulrichtungen
oder durch
2. Schulenintegration in der Arbeit am jeweiligen existenziellen Thema, d. h. durch das Heranziehen der in den verschiedenen Therapieschulen bereitliegenden unterschiedlichen Antworten auf das jeweilige existenzielle Thema.

---

238 Allen, 1983, S. 9

Die existenziellen Themen unterlegen in einer solchen Betrachtung quasi die Themen, auf die die einzelnen Therapieschulen primär fokussieren (z. B. Konflikt und Struktur in der Psychoanalyse oder Schema und Lerngeschichte in der kognitiven Verhaltenstherapie). Sie stellen damit nicht eine Alternative zu den herkömmlichen Therapieschulen dar (sind eben nicht die Basis einer eigenen therapeutischen Schulrichtung), sondern lenken den Blick über die therapieschulenbedingten und oft reduktionistisch zustande gekommenen Foki der einzelnen Therapieschulen auf das den Menschen »An-sich«-Konstituierende und stellen so auch einen »Common Ground« für die notwendigerweise heterogenen Schulen dar. Die Orientierung an existenziellen Themen ist dadurch auch eine wirksame Burn-out-Prophylaxe für uns Therapeuten. Wir können uns sicher sein, an den auch wirklich grundlegenden Themen des Menschseins zu arbeiten und fühlen uns zwangsläufig mit betroffen, da diese Themen selbstredend auch die unseren sind! Der Fokus auf das Existenzielle hat also folgende Effekte auf die therapeutische Grundhaltung, die – unabhängig von jeglicher existenziellen Orientierung – sämtlich auch in der Therapieforschung als relevante Wirkfaktoren erfolgreicher Psychotherapie identifiziert wurden:

1. Er filtert das Bedeutsame aus dem Banalen.
   Sowohl die Patienten als auch die Therapeuten werden durch die Arbeit an den existenziellen Themen nicht selten »energetisch belebt«. Sie haben eine innere Evidenz, bedeutsam zu sein, und vermitteln das stimmige Gefühl, nun nicht mehr an den »Äußerlichkeiten«, sondern am Kern der vorgebrachten Probleme selbst zu arbeiten.
2. Er erleichtert Empathie.
   Durch die »Menschheitsdimension« der existenziellen Themen spürt der Therapeut unmittelbar seine eigene Betroffenheit mitschwingen. Das »Mitfühlen« der existenziellen Not des Patienten ist durch den lebendigen Kontakt zur eigenen mehr oder weniger großen Unsicherheit bezüglich der existenziellen Themen unmittelbar gegeben.
3. Er erleichtert Solidarität und Engagement.
   Da wir selbst in genau den gleichen Verstrickungen mit den existenziellen Themen stecken, sind uns die Patienten nah, und ihr Kampf ist der unsre; eine gute Chance, tief empfundene Solidarität zu ver-

spüren und sich zu engagieren, die gemeinsamen Themen, wenn auch durchaus jeder mit einer eigenen »Lösung«, anzupacken.
4. Er entpathologisiert die zentralen Themen der Patienten.
Die Rückführung der den vorgebrachten Symptomen zugrunde liegenden Themen auf allgemein menschliche existenzielle Themen reiht die psychische Erkrankung ein in Jahrtausende alte Versuche, die Themen des Todes, des Sinns, der Freiheit und der Einsamkeit zu erforschen und zu lösen. Eine Wertschätzung der Themen des Patienten ist die Folge, mit der Hoffnung, dass wir Therapeuten dem Patienten diese Wertschätzung auch vermitteln und ihn dazu bewegen können, sein subjektiv sicher stark empfundenes Leiden auch (meist aber nicht nur) als wichtigen persönlichen Entwicklungs- und Erkenntnisprozess zu sehen. Dazu wird der auf Existenzielles orientierte Therapeut auch nicht versuchen, das Symptomgeschehen so rasch wie möglich zu unterbinden, sondern er mutet dem Patienten ein betrachtendes Verweilen zu, wann immer dies möglich erscheint: »Das Krankhafte kann nicht einfach wie ein Fremdkörper beseitigt werden, ohne dass man Gefahr läuft zugleich etwas Wesentliches, das auch leben sollte, zu zerstören. Unsere Aufgabe besteht nicht darin, es zu vernichten, sondern wir sollten vielmehr das, was wachsen will, hegen und pflegen, bis es schließlich seine Rolle in der Ganzheit der Seele spielen kann«[239]. Gleichzeitig scheint die Hypothese erlaubt, ob es sich nicht bei vielen der psychiatrischen Diagnosen um pathologisierende Haltungen dem Existenziellen gegenüber handeln könnte. Die enorme Höhe der Jahresprävalenz psychischer Störungen (aktuelle Studien sprechen von mehr als 30 %) wäre demnach kritisch zu hinterfragen auf eine versteckte Abwehr der, zumindest wenn man den Existenzialisten folgt, schweren Aushaltbarkeit der Grundbedingungen menschlicher Existenz.

Eine Ausrichtung auf das Existenzielle führt zu einer auseinandersetzungsorientierten statt lösungsorientierten Therapiesicht.

Bei all dieser stringent formulierten Grundlage existenziell orientierter Psychotherapie ist aber deren grundsätzlich bipolarer Charakter

---

239 Jung, 1921, GW Bd. 16, § 293

nicht zu vergessen. Wie Jung sinngemäß meinte, ist bei Aussagen über seelische Belange immer deren Gegenteil auch wahr. Dies gilt auch für die Einbeziehung des Existenziellen, die manchmal gar widersprüchlich erscheint. Als Beispiel sei hier nur die bereits erwähnte starke Subjektorientierung des existenzialistischen Menschen- und Therapiebildes genannt (»individualisierend«), das deutlich mit dem Postulat menschheitsimmanenter existenzieller Themen kontrastiert, die dann doch wieder gleichermaßen für alle zu gelten haben (»universalisierend«). Cooper stellt all diese Polaritäten innerhalb der »Existenziellen Therapien«[240] zusammen. Diese seien gleichzeitig

- phänomenologisch vs. existenzialistisch,
- direktiv vs. non-direktiv,
- deskriptiv vs. erklärend,
- psychologisch vs. philosophisch,
- individualisierend vs. universalisierend,
- pathologisierend vs. depathologisierend,
- objektiv vs. innerweltlich,
- unmittelbar vs. mittelbar in ihren Methoden,
- spontan vs. technisch.

Drei mögliche klinische Ansätze filtern das vom Patienten Vorgebrachte auf unterschiedliche Weise. Entweder ist

1. Existenzielles das eigentlich Ursprüngliche psychischer Störungen, Symptome sind also »fehlangepasste Antworten auf die vier letzten Dinge«[241] oder
2. Existenzielles bricht ein in Krisen- und Schwellensituationen oder
3. es gilt, das »existenzielle Hintergrundrauschen« der vorgebrachten Symptomatik und Problemstellung zu erhaschen.

Folgende in dieser Hinsicht besonders ins Auge fallende Zusammenhänge sind daraus zu entwickeln:

---

240 Cooper, 2003, S. 144f.
241 Yalom, 1980/2000, S. 569

- Abwehr existenzieller Themen bedingt Symptome.
- Symptome sind missverstandenes Existenzielles.
- Jedes Symptom enthält alle existenziellen Themen.
- Symptome enthalten u. U. einen »existenziellen Overload«, z. B. wenn hinter jeder Alltagsproblematik eine existenzielle Bedrohung steht (»Existenzielle Vulnerabilität«[242])
- Symptome enthalten (störungsspezifisch) spezielle existenzielle Themen, z. B.
  - Depression: Sinnthema,
  - Zwangsstörung: Freiheitsthema,
  - Angststörungen: Einsamkeitsthema,
  - Trauer, Suizidalität: Todesthema.

Einschub: Körperliche Erkrankung und das Existenzielle

> »Krankheit ist die Nachtseite des Lebens, eine eher lästige Staatsbürgerschaft. Jeder, der geboren wird, besitzt zwei Staatsbürgerschaften, eine im Reich der Gesunden, eine im Reich der Kranken. Und wenn wir alle es auch vorziehen, nur den guten Ruf zu benutzen, früher oder später ist jedoch jeder von uns gezwungen, wenigstens für eine Weile, sich als Bürger jenes anderen Ortes auszuweisen.«
> (Susan Sontag[243])

Vor allem Simone de Beauvoir stellte in vielen ihrer Schriften, z. B. in der Auseinandersetzung mit Krankheit und Tod ihrer Mutter 1968 (»Ein sanfter Tod«[244]) oder in ihrem vierten Memoirenband 1974 (»Die Zeremonie des Abschieds«[245]) mit dem Krankheitsverlaufs ihres Lebensgefährten Jean Paul Sartre, auch die körperliche Erkrankung ins Licht existenzialistischer Betrachtung. Im heutigen Diskurs ist es hauptsächlich die Krebserkrankung, die als Prototyp der Konfronta-

---

242 Fuchs, 2000
243 Sontag, 2005, S. 4
244 Beauvoir, 1968
245 Beauvoir, 1974

tion des Menschen mit schwerer Erkrankung gelten kann. In seiner umfassenden, 2011 mit dem Pulitzerpreis ausgezeichneten Monographie »Der König aller Krankheiten«[246] bezeichnet der Autor Siddhartha Mukherjee, selbst Onkologe, den Krebs als eine Erkrankung, die das Selbst des Menschen angreift, und die jungianische Ärztin und Analytikerin Renate Daniel findet einen »archetypischen Kontext«[247] der Krebserkrankung. Beide greifen zurück auf die Arbeit der amerikanischen Filmemacherin und Essayistin Susan Sontag (1933–2004) mit dem bereits als Programm geltenden Titel »Krankheit als Metapher«[248], setzen sich aber auch von ihr ab. In unserem Zusammenhang ist festzuhalten, dass körperliche Erkrankungen, in einem direkten Zusammenhang zunehmend mit deren Schwere, sämtliche der existenziellen Grundthemen zu Bewusstsein zu bringen vermögen. Auch bei schwersten Erkrankungen ist es, so die Existenzialisten, noch eine Frage der Freiheit, sich dem »stumpfsinnigen Beharrungsvermögen« des Körpers[249] zu stellen. Gleichzeitig ist zu fragen, ob nicht beachtetes Existenzielles auch ein kausaler Faktor unter mehreren an der Entstehung, eher aber wohl am Verlauf körperlicher Erkrankungen beteiligt sein mag. Auf jeden Fall kann eine körperliche Symptomatik, sei sie auch noch so banal, als existenzieller »Weckruf« im Sinne Yaloms[250] genutzt werden, und körperlich erkrankten Menschen ist das Gespräch über die in seinen Gedanken und Gefühlen provozierten existenziellen Themen auf jeden Fall anzubieten.

Im bisher Gesagten scheinen zwei grundlegende Antwortversuche auf die existenziellen Themen auf:

- die existenzialistische Antwort: Folge des (verzweifelten) Erkennens des Existenziellen ist dessen Bewussthaltung, Engagement, Verantwortung, Verpflichtung, eventuell auch Auflehnung oder

---

246 Mukherjee, 2012
247 Daniel, 2000, S. 9
248 Sontag, 2005
249 Beauvoir, 2008, S. 21
250 Yalom, 2008

- die »spirituelle« Antwort: Folge des Erkennens des Existenziellen ist die Entwicklung eines transzendenten Standpunktes

Mit Verena Kast definieren wir: »Unter Spiritualität kann man eine freiheitliche, offene spirituelle Praxis verstehen – eine kontinuierliche Beziehung zwischen außen und innen, bei der es um Erfahrungen geht, die uns emotional tief berühren, die uns ganz versunken sein lassen in einer Erfahrung. (...) Sie ist als Sehnsucht nach Sinn zu verstehen«[251].

Aus existenzialistischer Perspektive ist die spirituelle Weltsicht eine Abwehrform gegen die »kosmische Bedeutungslosigkeit des Da-seins«[252] aus Angst vor den existenziellen Einsichten. Die dem Spirituellen näher stehenden Philosophien und Psychologien, wie etwa die Analytische Psychologie C. G. Jungs, sehen dagegen Spiritualität als notwendige Konsequenz existenzieller Gegebenheiten. Der Existenzialismus ist dann in seinen Antworten auf die »Letzten Fragen« eine (vorwiegend narzisstische) Abwehr gegen etwas den Menschen übersteigendes Größeres zu verstehen. Beiden gemeinsam ist ihre Definition als Disziplinen der Innerlichkeit mit deutlichem Anspruch auf eine handlungsmäßige Umsetzung der gewonnenen Einsichten.

Aber zurück zum Vorschlag des Existenzialismus selbst. Notwendig in der Konfrontation mit den prinzipiell unlösbaren existenziellen Themen sei

- die Einnahme einer aufrichtigen Selbstreflexion (Metaebene), Widerstehen von »Unaufrichtigkeit«[253] bzw. »Verfallenheit«[254];
- die dann aufkommende Existenzangst muss durchlebt werden;
- die ungeliebten Selbstentwürfe und Seinsanteile müssen verantwortlich betrachtet werden;
- das »ausgeglichene Wechselspiel von entwerfen und reflektieren«[255].

---

251 Kast, 2010, S. 110
252 Pascal Mercier, 2004
253 Sartre, 2006, S. 119f.
254 Heidegger, 2001, S. 119ff.
255 Mensch, 2008, S. 107

Die Erreichung eines gelassenen Grundgefühls durch Relativierung des eigenen Seinsentwurfes wird so möglich.

In Auseinandersetzung damit werden in einer hier vorgeschlagenen am Existenziellen *orientierten* Psychotherapie (statt einer Existenziellen Psychotherapie) die Themen des Existenzialismus zwar aus dessen Werk extrahiert, ohne aber dessen Antworten auf diese Themen zu übernehmen. Es ist eben im therapeutischen Handeln nicht so, »dass einem existenziellen Bezugsrahmen eine existenzialphilosophische Sicht des Menschen« zugrunde liegen müsse.[256] Dies käme nämlich einer Indoktrination gleich und würde wiederum die Freiheit des Einzelnen beschneiden. Im Rahmen einer amplifikatorischen therapeutischen Arbeit (s. u.) können die Einlassungen des Existenzialismus dem Patienten durchaus zur Verfügung gestellt werden, jedoch unbedingt ohne ihn, wie z. B. manchmal bei Yalom[257] trotz gegenteiliger Beteuerung zu beobachten, von der existenziellen Sicht überzeugen zu wollen. Es geht zunächst darum, wie derselbe Autor richtig bemerkt, dass der »Therapeut das Individuum dazu ermutigt, seine existenzielle Situation anzuschauen und sich ihr zu widmen«[258]. Im Gegensatz zu den existenziellen Psychotherapeuten im eigentlichen Sinne würden die am Existenziellen Orientierten es hierbei aber belassen und dann dem Patienten das gesamte Spektrum der möglichen Sichtweisen, also existenzielle *und* spirituelle Betrachtungsmöglichkeiten, zur Verfügung stellen (und nicht nur zu »dulden«). Nicht die Psychotherapie ist dann existenziell, sondern ihre Themen können (und sollen) es sein!

An dieser Stelle wird auch deutlich: Existenzielles Therapieren ist das Gegenteil von Störungsspezifität! »Die Spezialisten, die Experten mehren sich. Die Denker bleiben aus«, meinte Ingeborg Bachmann[259], damals allerdings nicht auf Psychotherapie bezogen. Der Ruf nach den Störungsexperten, der der grundsätzlichen weltanschaulich-erkenntnistheoretischen Sicht des materialistisch-positivistisch orientierten und den Gesetzen des postmodernen ökonomischen Zeitgeistes oft unreflek-

---

256 Gebler, 2009, S. 108
257 Yalom, z. B. 2008
258 Yalom, 1980/2002, S. 28
259 zit. nach Berner, 2006

tiert folgenden Mainstreams der Psychotherapie(-forschung) innewohnt, verträgt sich eben nicht mit einer Orientierung auf dem Menschen zugrunde liegende Themen, die nicht nur auf eine rasche Veränderung einzelner Lebensfaktoren, sondern auf eine tiefgehende Transformation, eine Wandlung (s. u.) hinzielt. Eine solcherart definierte Psychotherapie formuliert, ausgehend von den philosophischen Erkenntnissen über das Wesen des Menschen, einen von der Störungsspezifität völlig verschiedenen *Gegenstand* ihrer Arbeit!

Unlösbarkeit und Aporetik

> »*Das Wissen zögert angesichts des Todes*«
> (Byung-Chul Han)[260]

Von philosophischer Seite werden wir immer wieder daran erinnert, dass die existenziellen Fragestellungen keiner endgültigen Lösung zugeführt werden können, ja dass die Verzweiflung über deren Unlösbarkeit gerade konstituierend für diese Themen sei[261]. Auch wenn die Fragen nach Freiheit, Sinn, Einsamkeit und Tod sowohl in philosophischen wie auch in religiös-spirituellen Zusammenhängen immer wieder scheinbar und zum Teil mit großer nach außen getragener Sicherheit beantwortet werden: Nimmt man eine »metaphilosophische« Position ein, dann zeigt sich eine schier endlose Heterogenität, ja Widersprüchlichkeit dieser Antwortversuche, und der Versuch, zu einer allgemeingültigen Antwort zu kommen, ist so vergebens, dass man nicht umhin kommt, diese Themen (und sicher noch einige andere im Umfeld des »Existenziellen«) als Aporien zu erkennen. Jedes der vier genannten existenziellen Themen besteht aus unüberschaubar vielen Standpunktmöglichkeiten und somit auch Gegensätzlichkeiten und »Auswegslosigkeiten« (griech. *a*, nicht, *poros*, Weg; Aporien sind also Problemstellungen

---

260 Han, 1998, S. 11
261 Vogel, 2015c

ohne Aus- oder Lösungsweg). Dies gilt es zu bedenken, wenn existenzielle Faktoren zum Gegenstand einer Wissenschaft, der Psychotherapiewissenschaft, werden, wenn diese ein positivistisches und nomothetisches Ideal vertritt. Gerade das Todesthema macht zudem deutlich, dass nicht einmal die benutzten Begriffe einer wirklichen Eindeutigkeit unterliegen (der Tod wird etwa medizinisch, philosophisch oder soziologisch völlig unterschiedlich konzipiert und hat wohl auch bei jedem einzelnen Menschen eine ureigene »Position« inne), sie eben nicht konsenshaft »auf den Punkt gebracht«, also operationalisiert und erst recht nicht »erledigt« werden können. Psychotherapie wird hier also eine Sache der Aporetik, einfach definiert als »die Kunst, schwer lösbare Probleme zu bewältigen«[262]. Als solche bezeichnet man seit Sokrates und Aristoteles (die bei genauer Betrachtung allerdings nicht exakt in ihrer Nutzung des Begriffes übereinstimmten) den Mut und auch die Fertigkeit zur Auseinandersetzung mit Themen, die keiner letztendlichen Lösung zugeführt werden können, deren angebliche Lösungen beständig widersprüchlich oder ungenau bleiben[263]. In moderner Zeit wurde der Begriff der Aporie v. a. von dem französischen Philosophen Jacques Derrida (1930–2004) wieder genutzt. Er verwies auch auf die Aporie des Todes und auf die Notwendigkeit, sich statt in Lösungsversuchen und Widerständen zu verstricken sich in einem nicht passiven Aushalten, das er mit Heideggers »Gelassenheit« vergleicht, zu üben[264].

Aporetik als eine Grundlage psychotherapeutischen Denkens und Handelns fordert den Versuch der therapeutischen »Bearbeitung« (etwa eines Todesfalles) mit dem Wissen, niemals zu einer abschließenden Beantwortung des Themas kommen zu können. Der Zweifel ist hier »eingebaut« (die Aporetik wird philosophisch oft in der Nähe des Skeptizismus angesiedelt), Paradoxien bleiben bestehen (z. B. das Leben ist sinnvoll und unsinnig zugleich) und irgendwie bleibt man unzufrieden weil ohne endgültige Schlussfolgerung zurück. Die Unmöglichkeit, zu letztgültigen Aussagen zu kommen, kennt die Tiefenpsychologie bereits seit ihrer Befassung mit dem Unbewussten. Aporetik verweist auf die

---

262 Schmidt, 1978, S. 32
263 Vgl. z. B. Schlittmaier, 1999
264 Derrida 1999

Nützlichkeit der Auseinandersetzung (etwa mit der Sinnfrage) als »Wert an sich« unabhängig davon, ob eine Lösung gefunden werden kann. Ein klares »Ja« zur Unsicherheit und zum Nicht-Wissen kann entlasten und entpathologisieren. Die Bedeutung, etwa des psychotherapeutischen Gesprächs über ein aporetisches Thema, liegt also im Gespräch selbst, in der Bewusstwerdung der Relevanz, Breite und Schwierigkeit eines (Lebens-)Themas und in seiner behutsamen Umkreisung, Annäherung und Distanzierung.

Auf die Bedeutung einer Anerkennung von Aporien als Grundbausteine menschlicher Existenz und damit auch psychotherapeutischen Denkens und Handelns für die Konstituierung von Psychotherapie als Wissenschaft kann hier nur hingewiesen werden. Es geht um nicht weniger als die Bestimmung einer Wissenschaft vom Umgang mit dem letztendlich unwissbar Bleibenden. Von erkenntnistheoretischen Grundsatzüberlegungen bis hin zur konkreten Entwicklung von Aporien angemessenen Forschungsmethoden reicht hier das Spektrum der Konsequenzen.

Die »existenzialisierende Einstellung«

> »Jede Erscheinung auf Erden ist ein Gleichnis,
> und jedes Gleichnis ist ein offenes Tor, durch
> welches die Seele, wenn sie bereit ist, in das
> Innere der Welt zu gehen vermag, wo Du und
> Ich, Tag und Nacht, alle eins sind«
> (Hermann Hesse[265])

In den klassischen psychodynamischen Therapieverfahren herrscht (gut begründet) ein Primat der Beziehungsfokussierung. Die Schilderungen der Patienten werden vom Therapeuten beständig im Hinblick auf deren Bedeutung für die therapeutische (Übertragungs-/Gegenübertragungs-)Beziehung hinterfragt und auch auf dieser Folie verstanden und

---

265 Hesse, 2006, S. 146

bearbeitet. In der Analytischen Psychologie Jungs kommt zu dieser beziehungszentrierten und von ihm in Metaphern der Alchemie erläuterten Einstellung die sogenannte »symbolisierende oder auch symbolische Einstellung«: »Wir können diese Einstellung, welche die gegebene Erscheinung als symbolisch auffasst, abgekürzt als symbolische Einstellung bezeichnen. Sie ist durch das Verhalten der Dinge nur zum Teil berechtigt, zum anderen Teil ist sie Ausfluss einer bestimmten Weltanschauung, welche nämlich dem Geschehen, sei es im Großen oder im Kleinen, einen Sinn beimisst und auf diesen Sinn einen gewissen größeren Wert legt als auf die reine Tatsächlichkeit.«[266]

Im Kontext unserer existenziellen Themen fügen wir dem nun eine damit nah verwandte »existenzialisierende Einstellung« hinzu. Diese meint ein »Hören und Fühlen mit einem Existenziellen Ohr«, um aus den Schilderungen der Patienten, aber auch aus den szenischen Gegebenheiten im Behandlungszimmer, das jeweils in Aktion befindliche existenzielle Themen herauszufiltern, es quasi als »Gleichnis« für Existenzielles anzusehen. Dieses existenzielle Empfangsorgan muss allerdings eingeübt und gewartet werden. Das geschieht nicht im Kontext der Therapie, sondern im gesamten Lebenskontext des Therapeuten. Nur wer selbst empfänglich ist für die in ihm aufscheinenden existenziellen Themen, wird diese von Patientenseite empfangen können. Zu dieser Einstellung gehört im konkreten Therapieverlauf das Zulassen von Stille und Schweigen, damit in den entstehenden Raum das Existenzielle, das sich gerne in der Stille entwickelt, einfließen kann. Drohendes Unbehagen, Leeregefühle und gar Angst, die gewohnheitsmäßig in der Nähe des Existenziellen aufzutauchen pflegen, wären dann auszuhalten und nicht zu pathologisieren, ist doch evident: Eine existenzielle Frage wie die nach dem Sinn des Lebens ist primär »nicht erbaulich. Man muss in den Fluss des Lebens eintauchen und die Frage forttreiben lassen«[267]. In einem ähnlichen Sinne soll C. G. Jung immer wieder gesagt haben: »In patentia vertra habetis animam vertram! In eurer Geduld liegt eure Seele«[268]. Die dafür angemessene Gesprächswiese ist die

---
266 Jung, 1921a, GW Bd. 6, § 824
267 Yalom, 2002, S. 149
268 Jaffé, 1987, S. 137

»Mäeutik«, eine verbal-beziehungsmäßige »Hebammenkunst« (▶ 5. Vorlesung).

Die Wertschätzung der Krise

> »Wo aber Gefahr ist,
> wächst das Rettende auch«
> (Hölderlin)

Der Terminus der Krise ist heute in aller Munde und wird inflationär gebraucht. Im aktuellen Alltagsjargon, zu beobachten etwa in Nachrichtensendungen, scheint man von der Möglichkeit einer niemals endenden Krise auszugehen und bringt damit den Begriff weit weg von seiner ursprünglichen Bedeutung einer zugespitzten »Übergangsphase«[269] mit definiertem Anfang und Ende. Jaspers benutzte den Begriff der »Grenzsituationen« und meinte damit v. a. Tod, Leiden, Kampf und Schuld. Diese können eine »krisenhafte Zuspitzung« erfahren und uns in eine »existenzielle Krise« zwingen: »Eine Grenzsituation ist ein Ereignis, eine eindringliche Erfahrung, die uns in die Auseinandersetzung mit unserer existenziellen Situation in der Welt hineintreibt«[270]. Von einer wirklichen Krise »ist der ganze Mensch in Mitleidenschaft gezogen, d. h. Körper, Geist und Seele sind betroffen«[271]. Und sie stellt, wenn wir uns ihr stellen, einen »Weckruf«[272] dar, sie lässt existenzielle Themen einfließen und versetzt uns dadurch (zusätzlich) in Angst und Schrecken. Eine echte Krise weicht die intrapsychische und interpersonelle Abwehr des Existenziellen auf und ist daher zunächst mit Unsicherheit und Verzweiflung assoziiert. Dies bedeutet nicht selten einen regressiven Prozess hinein in Abhängigkeits- oder Hilflosigkeitserleben, dem durch die Wahl der psychotherapeutischen Methoden Rechnung getragen werden

---

269 Kast, 2012, S. 12
270 Yalom, 1980/2000, S. 193
271 Dorst, 2010, S. 11
272 Yalom, 2008

muss. So ist etwa der Beginn eines philosophischen Diskurses mit einem partiell auf ein infantiles Angsterleben regredierten Menschen in Todesangst sicher unzweckmäßig.

Krisen zwingen zur »Ent-Identifizierung« mit dem, was wir bisher glaubten zu sein, und bedeuten somit zwangsläufig einen Veränderungsprozess: »Die Zeiten existenzieller Hilflosigkeit sind der ideale Nährboden für die Begegnung mit sich selbst«, so der bayerische Dichter und Liedermacher Konstantin Wecker[273] und »... ohne eigentliche Krise besteht eher die Wahrscheinlichkeit, dass der Übergang auch nur halbherzig und unausdrücklich vollzogen ist«[274].

In der Grenzsituation wird dem Menschen Wandlung möglich, eine grundsätzliche »Kurskorrektur« also, die die (existenzialistische) Philosophie mit einer wirklichen Seelenbehandlung, die nicht nur eine Symptombeseitigung ist, gemein hat. Wandlung (althochdt: *wantalunga*) ist Änderung, die sich nicht nur auf das Äußere bezieht, sondern die Substanz oder das Wesen (hier des Menschen) umfasst: »Die Psychoanalyse hat eine bloße Symptombeseitigung gar nicht erst zum Ziel. Das geht sozusagen ›nebenher‹. Sie stellt immer eine Besinnung, eine systematische große Arbeit am eigenen Leben und am eigenen Selbstverständnis dar«[275]. Der Umgang mit der Krise, mit der »akut« vorgebrachten Symptomatik, sagt bereits viel über die dahinter stehende Gesamtorientierung unserer Psychotherapie aus. Verschiedene philosophische und psychologische Traditionen haben unterschiedliche Auffassungen vom Leiden. Zwei Bedeutsamkeiten dieser Fragestellung gibt es für die Psychotherapie:

1. Mit welcher Sicht auf das Leiden begegnen wir den Symptomen des Patienten?
2. Welche Sicht auf das Leiden vermitteln wir (implizit) den Patienten, wenn sie Leidvolles (z. B. Verluste) berichten?

---

273 Wecker, 2009, S. 114
274 Giegerich, 1999, S. 180
275 Reiter, 2006, S. 53

Die existenziell inspirierte psychotherapeutische Sichtweise des Symptoms knüpft geistesgeschichtlich auch an christliche, aber auch hinduistische und daoistische Vorstellungen vom Leiden als einem z.T. notwendigen und damit sinnhaften Weg an, im Gegensatz etwa zu manchen buddhistischen Vorstellungen, in denen (fast wie in der materialistischen Sichtweise) das Leid (Symptom) mit allen Mitteln zu bekämpfen ist.

> **Einschub: Existenzielle Krisenintervention**
> Genau betrachtet haben wir es also mit zwei verschiedenen Zusammenhängen zwischen existenziellen Themen und Krisen zu tun: Zum einen gibt es die existenziellen Krisen per se, die dadurch zustande kommen, dass wir mit einem oder mehreren der existenziellen Themen konfrontiert sind und die dadurch ausgelösten Gefühle von Angst und Verzweiflung unaushaltbar werden. Zum anderen gibt es die »Bruchstellen-Krisen«, bei denen zunächst gar nicht das Existenzielle betreffende Probleme oder Konflikte eine »existenzielle Ladung« erfahren dadurch, dass die ihnen unterlegten und bisher erfolgreich abgewehrten existenziellen Themen durchbrechen. Für eine Krisenintervention, die nicht selten rasche Entscheidungen verlangt, ist v. a. von Bedeutung, die grundsätzliche Unlösbarkeit der existenziellen Themen bewusst zu machen und die Wahrnehmung der persönlichen (Entscheidungs-)Freiheit zu fördern. Ein wichtiges Ziel ist es dabei zu vermitteln, dass es bei allen Fragestellungen, in denen das Existenzielle vorrangig ist, nicht um die Wahl zwischen Richtig und Falsch gehen kann. Eine Entscheidung ist dann eine gute Entscheidung, wenn sie »passend«, »angemessen«, vielleicht auch grundsätzlich »bejahbar« ist. Das Ringen um die einzig richtige Entscheidung führt nur hinein in fruchtlose Kreisläufe, und rasch verliert man die wertschätzende Grundhaltung einer existenziellen Zuspitzung bzw. Grenzsituation gegenüber.

Die Sicherheit

Das notwendige, gar gewünschte Auftauchen von Angst und/oder Verzweiflung in der Konfrontation mit existenziellen Grundthemen erfordert innerhalb der therapeutischen Arbeit ein besonderes Augenmerk auf sogenannte »Sicherheitsparameter«, um dem Patienten, aber auch dem Therapeuten überhaupt die Möglichkeit zu geben, die Abwehr dagegen fallen zu lassen und sich ihnen »mit offenem Visier« zu stellen. Von besonderer Bedeutung ist hier das stabile Setting, zu dem fest vereinbarte und hundert Prozent verlässliche Abmachungen bezüglich äußerer Parameter (garantierbarer Verfügbarkeit des Therapeuten, Zeitdauer, Ort, Kosten), aber auch Abstinenz gehören. In der Jung'schen Psychologie, die, wie bereits erwähnt, die enge und verflochtene therapeutische Beziehung in Bildern des alchemistischen Prozesses beschreibt, entspricht dem Setting das »vas hermeticum«[276], das sorgfältig verschlossene Gefäß, in dem sich die Prozedur, d. h. die therapeutische Arbeit nur vollziehen kann. Abstinenz im Sinne des garantierten Verzichtes auf die Aufnahme privater Beziehungen während oder nach der Therapie wird hier also nicht in einem ethischen Zusammenhang diskutiert, sondern als fachlich notwendig für einen wirklichen gemeinsamen Prozess in der Arbeit an existenziellen Themen. Der englische Psychoanalytiker Donald Winnicott (1896–1971) fügt dem noch seinen aus der Entwicklungspsychologie abgeleiteten Begriff des »holding-environment«[277] hinzu, der »haltenden Umgebung«, die in der therapeutischen Arbeit mit existenziellen Themen vor allem wegen deren zumindest partiell regressivem Charakter (s. o.) vonnöten ist. Konkret bedeutet dies eine aktive Beziehungsaufnahme, die temporäre Übernahme schützender und beruhigender Ich-Funktionen und ein beständiges Bemühen um ein, ebenfalls aus der Entwicklungspsychologie in die therapeutische Arbeit übernommenes emotionales »Eingestimmtsein«[278] auf den Patienten.

---

276 Jung, 1946, GW Bd. 16
277 Winnicott, 1974
278 Stern, 2000

Die »existenzielle Anamnese«

Im psychiatrischen wie im psychodynamischen Bereich gibt es eine Reihe von Vorschlägen, wie denn eine gute Anamnese (griech. *anamnesis*: Erinnerung), also eine nachdenkende Rekapitulation (von Patienten und Therapeut) der Entwicklungsgeschichte der Symptomatik und der Gewordenheit, zu bewerkstelligen sei. Die einzelnen Autoren schlagen den Therapeuten bestimmte Gesprächs- und Interviewtechniken in einem mehr oder weniger strukturierten Vorgehen vor, um an die Informationen zu gelangen, die sie für ihre Diagnosestellung benötigen. Vergessen wird dabei, dass die Anamnese durch die Fragen, die man stellt oder nicht stellt, bereits in hohem Maße das Krankheits- und oft auch das Weltverständnis des Interviewers transportiert. Wie jegliches therapeutische Geschehen ist auch die Anamnesephase ein bidirektionaler Prozess, in dem der Therapeut Informationen über den Patienten, der Patient aber immer auch Informationen über den Therapeuten erhält. Die hier vorgeschlagene existenzielle Anamnese ist also keine Anamnese-»Technik«. »Das Erfassen von Daten erfolgt intuitiv und automatisch. Es geht der Therapie nicht voraus, sondern ist selbst Teil der Therapie«[279].

Die existenzielle Anamnese erfolgt durch:

1. das explizite Bezeugen von Interesse für die existenziellen Themen,
2. das Benennen der existenziellen Themen hinter den manifesten Themen, die vom Patienten geschildert werden,
3. das Benennen von Entscheidungssituationen und Entscheidungen,
4. das Interesse für die jeweilige Wahl (Prozess und Ergebnis der Wahl) des Patienten im jeweiligen Lebenskontext, denn wie bereits mehrfach dargestellt: »Die Wahl an sich ist entscheidend für den Gehalt der Persönlichkeit...«, so Sören Kierkegaard[280].

---

279 Yalom, 2002, S. 223
280 Kierkegaard, 2009

Die Ziele dieser Anamnesemethode liegen, neben dem psychotherapieimmanenten Aufbau einer hilfreichen Beziehung, im hermeneutisch-emphatischen Erfassen des »Weltentwurfes« (Binswanger) des Patienten ebenso wie in der Weckung des Interesses des Patienten für seine existenziellen Gegebenheiten

Das existenzielle Lebensalter – Psychotherapie im höheren Alter

> »Mir altem Mann geht's wunderlich,
> Hab viel verlernt, muß neues lernen
> S'ist an der Zeit: befreunde dich
> Der Nacht und ihren Sternen«
> (Rudolf Alexander Schröder[281])

Klassische Psychotherapieschulen waren lange Zeit skeptisch bezüglich einer längerfristigen therapeutischen Arbeit mit alten, etwa über 65-jährigen Menschen. Freud attestierte ihnen 1905, selbst damals 50 Jahre alt, eine zu geringe »Plastizität der seelischen Vorgänge«, in eher kognitiv orientierten Therapieformen taucht das höhere Lebensalter nicht selten als »komorbider Erschwernisfaktor« auf. Unter existenziellem Blickwinkel zeigt sich diese Situation völlig anders: Durch seine Todesnähe und die vielen, nicht mehr zu verleugnenden Verluste auf dem Weg wird auch das höhere Lebensalter zu einer existenziellen Aufgabe (vgl. etwa Simone de Beauvoirs 1970 verfasstes Monumentalwerk »Das Alter«[282]). Irvin Yalom beschreibt sich in seiner Autobiographie als »Novize im Altern« und es blitzen Furcht, aber auch Neugier in seinen Zeilen auf, was die letzte Lebenszeit wohl bringe und bedeute[283]. Existenziell orientierte Therapieverfahren tragen mit dieser wertschätzenden Sicht

---

281 Schröder, 1947
282 Beauvoir, 1970/2000
283 Yalom, 2018, S. 433

auf das hohe Lebensalter zu einer notwendigen Diskussion zum Thema »Alterspsychotherapie«[284] bei, die allein schon aus demographischen Gründen geführt werden muss.

Der tägliche Blick in die Todesanzeigen der Lokalpresse, der tägliche Blick in den Spiegel und die Bilanz, was früher alles möglich und jetzt für immer vergangen ist, wird nicht selten analog einer Lebenskrise erlebt[285] und bringt sämtliche existenziellen Themen ins Bewusstsein. Vor allem die Entwicklungspsychologie der Analytischen Psychologie Jungs leitet daraus die Vorstellung ab, dass wir tatsächlich erst im hohen Alter das »Werde der Du bist« in Gänze verwirklichen können[286]. »Der Mensch würde gewiß keine siebzig oder achtzig Jahre alt, wenn diese Langlebigkeit dem Sinn seiner Spezies nicht entspräche« meint C. G. Jung[287], und dieser Sinn wertet das höhere Lebensalter in der Entwicklungspsychologie, aber auch in der Psychotherapie stark auf. Alten Menschen muss es weniger um, in Jung'scher Terminologie gesprochen, Persona-Aspekte (soziale Rolle, Stellung, Ansehen etc.) gehen, sie können und wollen sich auf ihr Selbst, auf ihre Authentizität konzentrieren, und der Widerstand gegen existenzielle Themen ist oft nur gering oder gar nicht ausgeprägt: »Ein sozusagen unabweisbar Fragendes tritt an ihn (den alten Menschen, Anm. d. Verf.) heran, und er sollte darauf antworten«[288]. Dies gilt, wie immer in der existenziellen Thematik, natürlich auch für den alternden Psychotherapeuten[289]. Nicht nur der alte Patient braucht, trotz eventuell vordergründiger Symptomatik eine andere Therapie als der jüngere. Auch der ältere Therapeut macht, bei vordergründig gleicher Aufgabenstellung eine andere Therapie als der jüngere!

Hinzuweisen ist allerdings darauf, dass die Antwort der Existenzialisten, etwa Simone de Beauvoirs, auf das Alter und seine (auch körperlichen) Gebrechlichkeiten, keine primär positive ist. Im Gegenteil wettert sie gegen die »Moralisten«, die eine zu starke Positivierung betreiben, und meint: »Das ›schöne Alter‹ tritt nie von selbst ein. Es ist das Ergeb-

---

284 z. B. Maerker, 2002
285 Riemann, 2011
286 Hillman, 2001
287 Jung, 1930
288 Jung, 1971, S. 308
289 vgl. Hellwig, 1997

nis unaufhörlicher Siege und überwundener Niederlagen«[290]. So kann gleichzeitig auch davon ausgegangen werden, dass die kollektive Abwehr des Alterns in unserer Gesellschaft (Anti-Aging-Kultur) ihren Grund in dem unvorbereiteten Aufprall existenzieller Themen hat. Das Ergebnis dieser Konfrontation kann aber auch, wie der jungianische Autor und Psychoanalytiker Herbert Remmler in Anlehnung an den britischen Psychoanalytiker Eliot Jaques ganz existenzialistisch meint, eine »gereifte Resignation« sein »... die wahre Heiterkeit, die das Unvollkommene überwindet, indem sie es hinnimmt«[291].

Das existenzielle Paar – Aspekte der Paartherapie

Simone de Beauvoir und ihr Lebensgefährte Jean Paul Sartre, das prototypische, tragische »existenzielle Paar«[292], haben auch deutlich gemacht: Die intensive Auseinandersetzung zweier Menschen in Paarbeziehungen hat eine ganze Reihe existenzieller Implikationen: Es ist die Konfrontation mit einem möglichen radikalen Verlust (Todesthema), die Frage nach dem für einen selbst passenden und erfüllenden Lebenssinn (Sinnthema), in der Auseinandersetzung mit den Sinnkonstrukten des anderen. Es ist auch die Frage nach der Sehnsucht nach oder der Angst vor dem Alleinsein (Einsamkeitsthema), die Partnerschaft motiviert oder, auch unter dysfunktionalen Bedingungen, aufrechterhält. Gleichzeitig inszeniert sich das Existenzielle auch an der Einsamkeit im letztendlichen »Sich-fremd-Bleiben in der Liebe«[293], und man stellt fest, »dass es die Liebe ist, die uns in das tiefste Leiden unter Einsamkeit hineinführt«[294]. Schließlich ist es die Frage nach einer, oft vermeintlichen, eingeschränkten Freiheit durch partnerschaftliches Leben oder aber auch

---

290 Beauvoir, 2000, S. 409
291 Remmler, 2001, S. 27
292 z. B. Madsen, 2001
293 Willi, 1992, S. 339
294 Wieland-Burston, 1995, S. 101

die, von vielen Autoren durchaus bestrittene, eventuell täglich zu wiederholende Freiheit der Partnerwahl an sich. Gleichzeitig bestehen Paarkonflikte nicht selten, in ihrer letzten Konsequenz, in unterschiedlichen Bereitschaften, sich diesen Themen gemeinsam zu stellen oder in unterschiedlichen Arten der beiden Partner, auf die existenziellen Grundthemen zu antworten. Vordergründig vorgebrachte Ursachen für Paarkonflikte und Trennungen sind nicht selten so banal, dass sie förmlich nach einem Blick dahinter, hinein in eine existenzielle Ebene, rufen. Existenziell orientierte Paartherapie macht diese möglicherweise zugrunde liegenden Themen bewusst und ermutigt das Paar zu einer gemeinsamen Auseinandersetzung, zunächst in Anwesenheit des Therapeuten. Ziel ist eine Ko-Evolution in existenziellen Angelegenheiten. Den Begriff entwickelte der Schweizer Psychiater und Paartherapeut Jürg Willi (1985) und definiert: »Ko-Evolution bedeutet: gegenseitige Beeinflussung der persönlichen Entwicklung von Partnern, die zusammenleben (...) Es geht um die Frage: Welches Leben ermöglichen sich die Partner?«[295]. Ähnlich formuliert Verena Kast die »Beziehungsphantasie«: »In ihr phantasiere ich eine mir Ganzheit verheißende, beglückende, anregende, erregende Verbindung von Mann und Frau, ausgelöst durch einen Partner oder durch eine Partnerin«[296].

Bezieht man diese Erwartung auf Entwicklung und Ganzheit auf die Auseinandersetzung mit der menschlichen Existenz (s.o.), so können wir den Terminus gut auf eine existenziell orientierte Paartherapie übertragen. Verliebtheit käme dann u.a. durch die (meist unbewusste) hoffnungsvolle Erwartung zustande, ein möglicher Lebenspartner könne mir bei meiner Konfrontation mit Sinn, Freiheit, Einsamkeit und Tod behilflich sein. Auch bei Jürg Willi wird »dargestellt, dass die hohe Motivation der Verliebten in der Hoffnung liegt, beim andern eine bestimmte Entwicklungsmöglichkeit ins Leben zu rufen oder mit Hilfe des anderen eine eigene Lebensmöglichkeit verwirklichen zu können«[297].

Ein weiterer Aspekt wird beim Blick auf das Paar Sartre – Beauvoir (▶ Abb. 9) ebenfalls deutlich: Die Partnerschaft an sich wird zu einer

---

[295] Willi, 1992, S. 217
[296] Kast, 1984, S. 19
[297] Willi, 1992, S. 321

weiteren objektiven Größe neben den beiden Partnern selbst, durch eine Art »Selbstinstitutionalisierung« der Partner, »indem sie gemeinsam so etwas wie ein drittes Element schaffen, etwas, das eine eigene Existenz zu führen scheint«[298]. Dieses Dritte kann folglich mit den gleichen existenziellen Parametern betrachtet werden wie die beiden beteiligten Personen, kann also im Hinblick auf Freiheit, Sinn, Einsamkeit und Tod untersucht werden!

Abb. 9: Jean-Paul Sartre und Simone de Beauvoir; Aufnahme von 1950, © akg-images/picture-alliance/dpa.

---

298 Neuburger, 1999, S. 26

5. Vorlesung
Therapeutische Methoden

Vorbemerkungen

Wie alle am Einzelindividuum statt am Gruppenvergleich interessierten therapeutischen Schulrichtungen stellt sich auch im Zusammenhang mit unserem Gegenstand die Frage nach der Dichotomie zwischen einer im Existenziellen liegenden (und von allen oben genannten »Spezialisten« vehement eingeforderten) radikalen Subjektorientierung und dem Entwickeln von allgemeinen therapeutischen Methoden. Schon 1924 wies Jung darauf hin:

»Wenn ich Herrn X behandle, so bin ich genötigt, die Methode X anzuwenden, und bei Frau Z. die Methode Z. Das heißt, die Wege und Mittel der Behandlung werden vorwiegend durch die Natur des Kranken bestimmt ... Die wirkliche und wirkungsvolle Neurosentherapie ist immer individuell, und daher muss die sture Verwendung einer bestimmten Theorie oder Methode als von Grund auf verfehlt bezeichnet werden.«[299]

Und der moderne jungianische Autor Wolfgang Giegerich radikalisiert:

»Die Behandlung von ›Fällen‹ unter Anwendung einer ›Methode‹ ist nicht nur theoretisch bedenklich, weil sie systematisch an der eigentlichen Wirklichkeit der Patienten vorbeigeht, sondern auch unmoralisch und unmenschlich, weil sie das Individuum gewaltsam unter einem Abstrakt-Allgemeinen subsumiert und in diesem gefangensetzt«[300].

---

299 Jung, 1924, GW Bd. 7, § 198
300 Giegerich, 1999, S. 175

Wie also die jeweils zum Individuum passende, auf das Existenzielle bezogene Methode entwickeln? Der britische existenzielle Autor und Psychotherapeut Mick Cooper schlug folgende gemeinsame therapeutische Praxis der Existenziellen Psychotherapien vor[301]:

1. Ziel ist es, den Patienten zu helfen, ein authentisches Leben zu führen.
2. Es wird in der konkreten, aktuellen Erfahrung der Patienten gearbeitet.
3. Die Patienten werden ermutigt, ihre Freiheit und Verantwortlichkeit anzuerkennen und danach zu handeln.
4. Die Patienten werden ermutigt, von sogenannten »negativen« Gefühlen wie Angst und Schuld zu lernen.
5. Hinzu kommt schließlich die Ermutigung, sich prinzipiell unlösbaren Fragen zuzuwenden, ohne auf einen letztendlich befriedigenden Abschluss hoffen zu dürfen

Diese noch immer etwas abstrakt anmutenden Therapieaspekte sollen in den folgenden Kapiteln durch konkrete Prozess- und Methodenvorschläge umgesetzt werden.

Die drei grundlegenden Haltungen

In der Psychotherapieliteratur gibt es seit Beginn unserer Disziplin den Streit zwischen dem Vorrang von Haltung oder Methode. Hier unterscheiden sich die Therapieschulen in ihrer Schwerpunktsetzung oft erheblich. Vernachlässigen die einen die Ausbildung einer adäquaten Haltung weitgehend, legen andere das gesamte Gewicht genau hierhinein, oft auf Kosten des Trainings in spezifischen therapeutischen Methoden. Wir wollen in diesem Abschnitt Haltung und Methode möglichst

---

301 Cooper, 2003, S. 138

gleichberechtigt nebeneinander stehen lassen, wohl wissend, dass jede Methode auf einem bestimmten innerlichen Einstellungs- und Haltungssystem fußt und v. a. auch dadurch ihre Wirksamkeit erhält. Methoden, die der inneren Haltung des Therapeuten widersprechen, sollten fallengelassen werden. Das existenzielle Ziel eines authentisch lebenden Menschen wird hier zum grundlegenden Ziel des authentisch arbeitenden Psychotherapeuten. Bereits in Kapitel 1 wurde auf Jaspers' »Existenzielle Kommunikation« verwiesen (▶ 1. Vorlesung). Dabei ist keine Gesprächsmethode gemeint, denn es geht um eine »restlose Offenheit, um die Ausschaltung jeder Macht und Überlegenheit, um das Selbstsein des Anderen so gut wie um das eigene«[302] (▶ 5. Vorlesung). Daher wenden wir uns zunächst der Beschreibung grundsätzlicher Haltungsfragen zu, um dann erst die Methoden im Einzelnen vorzuschlagen. Hierbei ist auch anzumerken, dass die angeführten Haltungsaspekte unabhängig von Therapiesetting (Einzel- oder Gruppentherapie, ambulante oder stationäre Therapie) oder Therapiedauer- bzw. Frequenz Geltung beanspruchen. Irvin Yalom selbst hat der Fachwelt aufgezeigt, wie hoch variabel sein existenzieller Ansatz gestaltet werden kann und wie mit ihm in langen Therapieverläufen, aber auch in Einzelstunden gearbeitet werden kann[303].

Das »Sich-Einstimmen«

Die existenziellen Themen liegen in der therapeutischen Arbeit nur manchmal ganz offen vor uns. Nicht selten müssen sie erst aufgespürt werden, denn, so Jung, »die Existenz der Welt hat zwei Bedingungen; die eine ist ihr Sein, die andere ihr Erkanntsein«[304]. Dazu müssen wir uns und unsere Patienten in die richtige »Stimmung« versetzen, um von den konkreten Problemen, Konflikten und Symptomen abzusehen, die zunächst unsere Aufmerksamkeit anmahnen. Dieses Einstimmen hat also zwei Komponenten:

---

302 Jaspers, 2008, S. 66
303 Yalom, 2018
304 Jung, 1945, GW Bd. 16, § 201

a) Das »Sich-Einstimmen« des Therapeuten: In der Bewusstheit der existenziellen Themen und ihrer grundlegenden Unlösbarkeit geht der Therapeut der Aufmerksamkeit des Patienten meist voran, sodann folgt
b) Das »Sich-Einstimmen« des Patienten auf diese »darunterliegenden« Themen[305]. Dazu gehört auch das Finden gemeinsamer Kommunikationsmittel, verbaler aber auch nonverbaler, z. B. Bildbetrachtungen.

Die Fähigkeit des Sich-Einstimmens in der therapeutischen Situation aufseiten des Therapeuten ist wiederum direkt abhängig von seiner ganz persönlichen Vertrautheit mit bzw. Angst vor den existenziellen Gegebenheiten und seiner Fähigkeit, Aporien auszuhalten. Ein ausführliches Einstimmen des gesamten Lebens des Therapeuten scheint also vonnöten. D. h., »der erfolgreiche Therapeut muss in der Lage sein, die Einsamkeit, Sorge und Frustration zu ertragen, die bei seiner Arbeit unvermeidlich sind«[306], was am besten durch eine das Existenzielle einbeziehende Selbsterfahrung oder Lehrtherapie zu bewerkstelligen sein dürfte.

Die Freude über das Problem

Was im vorangegangenen Kapitel theoretisch als »Wertschätzung der Krise« dargestellt wurde, zeigt sich im konkreten therapeutischen Handeln als freudiges Entgegennehmen zunächst problematisch erscheinender Bereiche zum Zwecke der Bewusstwerdung des zugrunde liegenden Existenziellen. »Herzlichen Glückwunsch, du bist verzweifelt«, meinen die beiden schwedischen Autoren Harris und Lagerström[307] in ihrem lesenswerten Buch über den Existenzialismus als moderne Lebensweise konsequent. Sieht man im Auftauchen existenzieller Themen den Yalom'schen »Weckruf«, die Jaspers'sche zur Selbstwerdung notwendige »Grenzsituation«, so ist es nicht mehr in erster Linie Psychopathologie

---

305 Yalom, 1980/2000, S. 76
306 Yalom, 2002, S. 272
307 Harris und Lagerström, 2009, S. 58

oder zu bekämpfendes Leid. Der Fokus verschiebt sich von dem Versuch, die vermeintlich leiderzeugenden Themen zu verbannen oder zu lösen, zur distanzierten Betrachtung der Themen als das existenziell zum Menschsein Gehörende. Die Patienten unterschieden sich von den Therapeuten und den »Gesunden« dann lediglich dadurch, dass sie sich nicht aussuchen können, ob sie mit den Themen beschäftigt sind; sie sind auf eine bestimmte Art dazu gedrängt. Sören Kierkegaard würde in der Situation des psychotherapeutischen Erstgespräches wohl sagen: »Es ist kein Mangel, den du empfindest, es ist ein Fortschritt, es ist dein innerstes Ich, dein Geist, der um Aufmerksamkeit bittet«[308].

Der existenzielle »Widerstand«

Das Konzept des »Widerstands« meint in psychoanalytischer Terminologie den Vollzug unbewusster Abwehrmechanismen wie Verdrängung, Verleugnung oder Spaltung während des therapeutischen Geschehens. Die bewusstere Variante davon nennt König[309] »Unterdrückung (Suppression)«. Diese setze einen bewussten Willensakt voraus und sei einfacher reflektierbar. Sartre bezeichnet Widerstand und Unterdrückung in seinem Roman »Der Ekel« von 1938 in Bezug auf die Gegebenheiten der menschlichen Existenz, also auf die existenziellen Themen, auch als den »persönlichen kleinen Starrsinn (des Menschen), der ihn daran hindert, zu bemerken, dass er existiert«[310]. Moderne psychodynamische Widerstandskonzepte sehen in ihm nicht mehr, wie zu Freuds Zeiten, ein unter allen Umständen aufzulösendes Therapiehindernis. Vielmehr geht es darum, und dies gilt auch und vor allem für unseren existenziellen Zusammenhang, ein »optimales Widerstandsniveau«[311] auszubalancieren. Der kognitive Therapeut Harlich H. Stavemann beschreibt eine ganze Reihe bewusster Widerstands- (besser eben Unterdrückungs-)Strategien und nennt z. B. resignatives Denken, Bedrohungsempfinden bei

---

308 nach Harris und Lagerström, 2009, S. 58
309 König, 1997
310 Sartre, 1938/1981, S. 128
311 König, 1995, S. 7

Konfrontation mit existenzieller Unsicherheit oder Angst vor Sanktionen[312] (2008, S. 17ff.).

»Die Vor-Therapie«

Der Schweizer Philosoph und Romanautor Peter Bieri definiert Philosophie als »Handwerk der Freiheit«[313]. Diese Definition mag genauso, und als konkretes Handwerk vielleicht sogar noch mehr, für die Psychotherapie gelten, in der ein Zugewinn an Freiheitsgraden schließlich das vornehmste Therapieziel darstellt, dem sich nahezu alle Therapieschulen auf ihre je unterschiedliche Weise verpflichtet fühlen. Allerdings stoßen wir hier auf das in Kapitel 3 (▶ 3. Vorlesung) bereits angerissene Paradoxon der Psychotherapie: Psychotherapeutisches Handeln setzt wenigstens ansatzweise bereits zu Beginn Freiheit voraus und hat gleichzeitig und während des gesamten therapeutischen Prozesses deren Erweiterung zum Ziel. »Psychotherapie sinnt dem Patienten Freiheit an und mutet ihm zu, selber von seiner Freiheit Gebrauch zu machen«, so der jungianische Psychoanalytiker Wolfgang Giegerich[314]. Der Psychoanalytiker und Freud-Schüler Otto Rank (1884–1939) entwickelte lange zuvor bereits eine regelrechte »Willenstherapie«, in der der Patient ein positives Wollen, das Rank den Ich-Funktionen zuordnet, lernen müsse.[315] Ein Patient, der zu uns kommt mit der festen Selbstsicht absoluter Determiniertheit, der sich selbst also keinerlei wirklichen Freiheitsspielraum zubilligt, ist für psychotherapeutische Angebote nicht empfänglich. Daher meint Giegerich weiter: »Ich muss dem neurotischen Patienten schon von Anfang an und wider den Anschein die Freiheit zusprechen, dass er sich selbst von seiner Neurose frei machen kann«[316]. Dies geschieht am bes-

---

312 Stavemann, 2008, S. 17ff.
313 Bieri, 2009
314 Giegerich, 1999, S. 55f.
315 Rank, 2006
316 ebenda

ten durch eine vor den Beginn der eigentlichen Therapie gesetzte »Vorphase«, in der es ausschließlich darum gehen soll, dass der Patient seine Freiheit (und im zweiten Schritt seine daraus folgende Verantwortung) akzeptiert und eine ansatzweise selbstreflexive Funktion entwickelt. Dieses »Sich-auch-von-außen-Betrachten-Können« als Bedingung eines Freiheitserlebens meint Sartre wohl auch, wenn er in »Das Sein und das Nichts« schreibt: »Der Mensch ist frei, nicht weil er er selbst, sondern weil er Anwesenheit bei sich selbst ist«[317]. Die von der Freiheit verlangte immer wiederkehrende Entscheidung ist Therapievoraussetzung und »ein Königsweg in das Zentrum der Existenz«[318]. In einem Heidegger'schen Sinne ginge es um dasjenige *Existenzial* des Daseins, dem es in seinem Sein um eben dieses Sein selbst zu gehen hat. In einem zweiten Schritt erst kann es dann darum gehen, dass der Patient das erwirbt, was modern als »Selbstwirksamkeitserwartung« bezeichnet wird, eine Erwartung, durch engagierte Einflussnahme sein eigenes Schicksal beeinflussen zu können. Er erfährt so den »gewaltigen Unterschied zwischen einem Leben, in dem jemand sich so um sein Denken und Fühlen und Wollen kümmert, dass er in einem emphatischen Sinne sein Autor und sein Subjekt ist, und einem anderen Leben, das der Person nur zustößt und von dessen Erleben sie wehrlos überwältigt wird ...«[319]. Dabei kann allerdings in einer dann die Bezeichnung einer »Schicksalstherapie« verdienenden Betrachtung nicht die omnipotente Manipulierbarkeit aller Facetten der Außenwelt (des »Faktischen«) das Ziel sein, vielmehr entsteht das Subjektsein auch und manchmal vor allem durch die Anerkennung, das Hadern und/oder die Akzeptanz des uns von außen kommend schicksalhaft Widerfahrenden. Es geht hierbei um das notwendige Scheitern an den existenziellen Grenzsituationen[320], um das Aushalten des prinzipiell Unlösbaren[321] aller existenziellen Fragen, auf die sich keine abschließenden Antworten geben lassen und deren das Individuum konstituierende Aufgabe das bewusste, sich in ständigem Prozess befindliche Entwickeln einer subjektiven Einstellung ist, denn: »Die Identität wird

---

317 Sartre, 1943/2006, S. 561
318 Yalom, 2002, S. 160
319 Bieri, 2011, S. 11
320 Jaspers, 2001
321 vgl. Vogel, 2015c

dadurch geformt, dass man es wagt, sich schweren Fragen gegenüber eine Haltung anzueignen[322].

Die Konsequenz aus der Wertschätzung des Existenziellen – Finalität (als therapeutische) Prozesstheorie

Während in unserer modernen westlichen, von Naturwissenschaft und positivistischen Grundgedanken geprägten Welt vor allem die Frage nach dem »Woher?«, also die Kausalität entwickelt und stellenweise hypertrophiert wurde, beschäftigt sich die alte Philosophie in Ost und West seit jeher auch mit dem »Wohin« der menschliche Existenz. »Ein Mensch ist nur halb verstanden, wenn man weiß, woraus alles bei ihm entstanden ist. Wenn es nur daran läge, so könnte er ebenso gut schon längst gestorben sein. Als Lebender ist er aber nicht begriffen; denn das Leben hat nicht nur ein Gestern, und es ist nicht erklärt, wenn das Heute auf das Gestern reduziert wird. Das Leben hat auch ein Morgen, und das Heute ist nur dann verstanden, wenn wir zu unserer Kenntnis dessen, was Gestern war, noch die Ansätze des Morgen hinzufügen können. Das gilt von allen psychologischen Lebensäußerungen, selbst von den krankhaften Symptomen«[323], so C. G. Jung 1917 in seiner zentralen Arbeit »Die Psychologie der unbewussten Prozesse« folgerichtig. Er befindet sich mit dieser für seine Analytische Psychologie so zentralen Sicht in der Tradition großer Philosophen wie etwa Michel de Montaigne (1533–1592), der in seinen »Essais« 1580 prägnant die Grundidee finalitätsorientierter Weltsicht darlegt: »Ein Unternehmen führt schon etwas von der Eigenschaft der Sache bei sich, worauf es gerichtet ist, denn es ist ein wichtiger und wesentlicher Teil seiner Wirkung«[324]. Wie Montaigne, so meint übrigens auch C. G. Jung, dass es

---

322 Mankell, 2015, S. 27
323 Jung, 1917, GW Bd. 7, § 67

durchaus nützlich sein mag, im Tod ein nicht zu fürchtendes Ziel unseres Daseins zu erblicken. Modern ausgedrückt schreibt dann Cooper für die »Existenzielle Therapie«: »From an existential perspective, then, the basic ground for human action is motives rather than causes«[325] und knüpft dabei an die existenzialistische Wertschätzung der Betrachtung »nach vorne« an, die z. B. bei Sartre (1943) in seinem Begriff der »Projekte« aber auch schon bei Kierkegaard aufscheinen. Dieser beschreibt den existenzialistischen Entwicklungsprozess wie einen therapeutischen Prozess in neun Stufen und drei Stadien der Entwicklung als Stadium der Sinnlichkeit, Stadium der Innerlichkeit und schließlich Stadium der Geistigkeit.

Das Kausalitätsprinzip ist damit nicht wertlos geworden, jedoch steht es bei vielen einschlägigen Autoren im Verdacht, abwehrdurchtränkt zu sein. Bedeutet es doch nicht selten »eine Verleugnung des wirklich psychologischen Verstehens des aktuellen Gefühlserlebnisses«[326].

Das Finalitätsprinzip deckt sich in vielen Facetten mit existenzialistischen Grundannahmen:

- Es berücksichtigt den Seinsentwurf, die »Progression«: Das Hineinbegeben in den Seinsentwurf und das Übernehmen der Verantwortung für das gewählte Sein«[327].
- Es berücksichtigt als Intentionalität die Freiheit der Wahl (Sartre in »Das Sein und das Nichts«).
- Es berücksichtigt die Transzendenz des Menschen, der, so Sartre, immer auch das ist, was er noch sein wird.
- Es berücksichtigt den Tod (vgl. Heideggers »Vorlaufen zum Tode«, »Sein zum Tode«).
- Es lässt aber neben dem Vorlaufen zum Tod auch andere Zielmotivationen zu (etwa die Rache[328]).

---

324 Montaigne, 2001, S. 9
325 Cooper, 2003, S. 15
326 Rank, 1929, S. 42
327 Mensch, 2008, S. 54; Sartre, 2006, S. 18–27, S. 163–172
328 wie bei Sloterdijk, 2008

- Der Geist (das Selbst) »will zu seiner vollen Kapazität entwickelt werden«[329].
- Es berücksichtigt Zweck (Teleologie) und Sinn.
- Es berücksichtigt durch die Notwendigkeit des jeweils eigenen Zielfindungsprozesses die letztendliche Einsamkeit.

Durch die Betonung von Verantwortung und Entwicklung erfolgt per se eine Zukunftsgerichtetheit. Die grundsätzliche Frage ist allerdings: Führt die Finalität als »Stiftung eines Seins zum Ziele hin«[330],

- in die Richtung des Nichts mit der menschlichen Existenz als letzter Bastion (existenzielle Philosophien) oder
- in die Richtung eines das Selbst überschreitenden Seins (spirituelle Disziplinen)?

Wir sehen also auch hier: Die von den Existenzialisten gestellten Fundamentalfragen des Menschseins und ihre praktischen Konsequenzen (hier die Nach-vorne-Gerichtetheit des Menschen) können auf existenzialistische Art beantwortet werden, sie müssen es aber nicht!

Die zur Finalität zugehörige Affekte sind

- Sehnsucht,
- das Gefühl, »angekommen« zu sein, aber auch
- Angst (vorm beständigen Abschied und dem Unbekannten).

Hoffnung bzw. Hoffnungslosigkeit zeigen die aktuelle Stellung des Individuums zum Finalen. Wie aber kann das Ziel gefunden werden (▶ Kasten 5)? Zwei grundsätzliche Wege im therapeutischen Arbeiten mit dem Finalitätsprinzip sind denkbar und decken sich auf der theoretischen Ebene mit dem in Kapitel 3 zur Sinnfrage bereits Festgestellten (▶ 3. Vorlesung):

---

329 Kierkegaard nach Harris und Lagerström, 2009, S. 65
330 Sloterdijk, 2008, S. 97

1. Die Option der »Finalitätskonstruktivisten«: Das Ziel wird in einem intersubjektiven Prozess individuell *konstruiert*. Es ist damit variabel und abhängig vom spezifischen, vor allem interpersonellen Kontext, in dem der Mensch sich gerade aufhält (Kontextualismus).
2. Die Position der »Spirituellen«: Das Ziel ist (objektiv) vorhanden und muss – in einem vor allem introspektiven Prozess – *gefunden* werden. Dieser Vorgang des Findens kann auch innerhalb eines Beziehungsprozesses erfolgen, ist aber nicht Produkt des Beziehungsprozesses.

Kasten 5: Lebenszielanalyse und Lebenszielplanung[331]

In einem teils manualisierten, mit zahlreichen Fragebögen und Gesprächsführungsspezifizierungen versehenen Vorgehen werden

1. grundlegende Glaubensgrundsätze erhoben und reflektiert,
2. der Ist-Zustand der Lebensziele festgestellt und überprüft,
3. Ursachen und Konsequenzen des Zielproblems diagnostiziert,
4. der Soll-Zustand erarbeitet.

Die Lebensziele werden dabei analog Frankls »konkretem Sinn einer konkreten Person, die in einer konkreten Situation steht«[268], allerdings ohne sie stringent von ihm abzuleiten, operationalisiert in

- Familie/Partner/Sozialkontakte,
- Beruf/Karriere/verfügbare Geldmittel,
- Hobbys/Freizeitverhalten,
- andere Bereiche (z. B. Kirche, Glaube etc.)
- und in kurz-mittel- oder langfristige Ziele unterteilt.

Das Vorgehen enthält stark psychoedukative Elemente, etwa die Erläuterung eines »Teufelskreises« von »Es-hat-alles-keinen-Sinn«-Den-

---

331 Stavemann, 2008

> ken und »Ich habe keine Kraft, meinem Leben einen Sinn zu geben«, die sich gegenseitig bedingen und aufrechterhalten.

Spezifische Methoden

Trotz vieler gelehrter philosophischer und psychologischer Diskurse ist in der Auseinandersetzung mit den letztendlichen Themen unseres Menschseins besonders deutlich, »… dass sich die letzte Antwort auf unsere Existenz nicht durch Denken geben lässt …«[332]. Die Psychotherapie im Umkreis des Existenziellen hat also Methoden zu berücksichtigen, die über den kognitiven Diskurs hinausgehen, und setzt sich an dieser Stelle, zusätzlich zur ihr inhärenten »klinischen« Kompetenz, deutlich von einer reinen »Philosophischen Praxis«[333] ab. In einem allgemeinen Sinn entwickelt der Therapeut als Folge eines auf existenzielle Parameter fokussierten Ansatzes

1. eine erhöhte Empfindsamkeit existenziellen Themen gegenüber,
2. Sorge für den Patienten,
3. implizites und explizites Staunen über die Glaubenssysteme des Patienten[334],
4. Sokratische »Mäeutik« (die Kunst, das Existenzielle »zu entbinden«).

Dieser letztere Parameter der Mäeutik (griech. *maieutike*: Hebammenkunst), der nach einigen Quellen bis auf Sokrates zurückzuführen ist, stellt ein zentrales Anliegen einer auf existenzielle Themen ausgerichteten therapeutischen Arbeit dar. Der in manchen kognitiven Therapien propagierte »Sokratische Dialog« ist wohl der gleichen Abstam-

---

332 Wander 2001, S. 133
333 Achenbach, 1984
334 ebenda, S. 554ff.

mung, hat aber oft den Anflug einer »Überredungs- oder Überzeugungskunst« angenommen und sich so von der ursprünglichen Bedeutung dieses komplexen Begriffes entfernt. Es geht in unserem Zusammenhang tatsächlich mehr um das bereits propagierte »Hören mit einem existenziellen Ohr« (s. o.) und eine Umwandlung zunächst innerhalb psychiatrischer oder alltagssprachlicher Symptomschilderungen versteckter existenzieller Themen. So wird aus einer Depression eine »spekulative Melancholie«[335], aus einer Suizidalität wird die Betrachtung einer Dichotomie zwischen »Lebenslogik und Todeslogik«[336] usw. Und sie alle werden zu einem »Weckruf« für eine authentische Betrachtung des Menschseins.

Die Prozessüberprüfung

Der therapeutische Prozess, vorwiegend reflektiert auf der Ebene der Modulation der therapeutischen Beziehung, ist das Kernstück psychodynamischer Wirksamkeit. In der Reflexion des gemeinsamen Prozesses zwischen Therapeut und Patient unterscheidet sie sich am deutlichsten vom Alltagsdialog und muss aus diesem Grunde dem Patienten auch erst langsam näher gebracht werden. In »Schlaufen« des Gesprächs über das vergangene Geschehen im Therapiezimmer wird dies umgesetzt. Dabei werden, ganz ohne die Notwendigkeit direkter »Deutungen«, (Re-)Inszenierungen, korrigierende emotionale Erfahrungen u. v. m. zumindest teilweise bewusst gemacht und versprachlicht. Im Rahmen existenzieller Themen kann z. B. deren In-Szene-Setzung, Symbolisierung oder auch der gemeinsame Umgang mit diesen Themen zum Gegenstand werden. So ist etwa die Auffassung Irvin Yaloms[337], der therapeutische Prozess oszilliere zwischen Isolation und Beziehung, eine Möglichkeit, das existenzielle Einsamkeitsthema zum Thema der Beziehungsanalyse zu machen.

Die Therapie ist so in höchstem Maße gegenwartszentriert, findet im vielbeschworenen »Hier und Jetzt« statt, obwohl sie die gesamte Wer-

---

335 James, 2012
336 Amery, 1992
337 Yalom, 1980/2000, S. 481

densgeschichte des Patienten beinhaltet. Gleichzeitig fördert die Reflexionsschlaufe das Freiheitsbewusstsein des Patienten, wenn auf seine Entscheidungen für oder gegen gewisse Gesprächsgegenstände oder -verläufe fokussiert wird, und übt dadurch in existenzialistischer Terminologie Verantwortungsübernahme ein. In moderner psychoanalytischer Begrifflichkeit ergeben sich gleichzeitig Gelegenheiten zu mentalisierungsfördernden Interventionen[338].

Konkret könnte z. B. etwa alle 30 Minuten, eventuell aber auch erst jede zweite oder dritte Sitzung, der Prozess des laufenden Gesprächs- und Beziehungsflusses zwanglos in den Gesprächsfluss eingefügt werden, um mit dem Patienten zu reflektieren, was er hätte anders machen können, wie das möglich gewesen wäre und warum es nicht zu anderen Entscheidungen kam.

Eine besondere Rolle im therapeutischen Prozess spielt auch das (nahende) Therapieende. Hier bieten sich noch einmal, bisweilen aber auch zum ersten Mal Gelegenheiten, Themen von Endlichkeit, Sinnhaftigkeit, (nun wieder verstärkt befürchteter) Einsamkeit etc. zu erleben und bewusst zu machen.

Amplifikation – Die Rolle von Mythen und Bildern

Unter dem die klassisch-psychoanalytische Technik der Assoziation ergänzenden Begriff der »Amplifikation« (lat. amplificare: erweitern, anreichern, vertiefen) versteht man in der Analytischen Psychologie das Heranziehen menschheitsgeschichtlicher Bilder und Motive, um diese in einer Erweiterungsbewegung in einen möglichst breiten Kontext einzubetten. Amplifikationen dienen dabei der Bewusstmachung zugrunde liegender Themen ebenso wie dem Aufzeigen menschheits- und nicht subjektbedingter Strukturen bestimmter Problembereiche, aber auch der Darstellung von aus dem Menschheitswissen um diese Probleme abgeleiteten »sinnstiftenden« Umgangs- und Bewältigungsmöglichkeiten[339]. Existenzielle Themen wie auch archetypische Motive können sich ausdrücken in

---

338 z. B. Fonagy u. a., 2011
339 Kast, 1993

- Symbolen,
- Bildern, Mythen und Märchen,
- Aktions- und Reaktionsweisen,
- Abläufen und Prozessen,
- »Erlebens- und Erleidensformen«[340].

Folgerichtig können all diese Elemente zur Amplifikation herangezogen werden. Konkret bedient sie sich der Religionen, der Mythologie, der Märchen, der Kunst und der Weltliteratur ebenso wie moderner Darstellungen derselben in aktuellen Romanen oder Filmen. Die Arbeit mit Mythen (und Ritualen als »Mythen in Handlung«) ist in existenziellen Zusammenhängen wegen deren bereits dargestellten regressiven Implikationen nicht selten ein angemessenerer Zugang als der rational-kognitive Diskurs! Märchen, Sagen, Legenden und Mythen unterscheiden sich in aufsteigender Reihenfolge im Grad der Historizität, wie auch im Abstraktionsgrad vom alltäglichen Leben und dem Einbezug des Übernatürlichen ins Narrativ. Der Mythos vermittelt u. a. auch das Spirituelle anhand von »Arbeitshypothesen«. Diese sind in der Konfrontation mit den existenziellen Themen von besonderer Bedeutung, denn »selbst wenn es keine Antworten auf die Grundfragen des Menschen geben sollte, brauchen wir doch alle eine subjektive Arbeitshypothese«[341].

»Die existenzielle Sichtweise des Mythos«[342] zeigt sich beispielhaft in folgenden Amplifikationsmöglichkeiten:

- Sinn: Mythos von Sisyphos,
- Tod: Orpheus und Eurydike,
- Freiheit: Ilias,
- Einsamkeit: Narziss.

So ist auch der große moderne Mythos J. R. R. Tolkiens »Herr der Ringe« als »existenzielle Reise[343]« aufzufassen, viele ihrer Grundfiguren,

---

340 Jacobi, 2006, S. 48
341 Kierkegaard nach Harris und Lagerström, 2009, S. 129
342 Kast, 2000
343 Wright, 2009, S. 269

wie etwa die Elbenkönigin Galadriel, zeigen sich »durchdrungen von einer existenzialistischen Grundhaltung[344]«.

Mit dem Amplifikationsthema verwandt ist die therapeutische Arbeit mit Metaphern (griech. *meta-phorein* »übertragen, übersetzen, transportieren«). »Metaphern ... sind bildhafte Formulierungen, die etwas Psychisches zum Ausdruck bringen. Dabei wird ein sinnlicher Ausdruck von der üblichen Verwendung auf einen anderen, existenziellen Sachverhalt übertragen«[345]. Solche Metaphern sind z. B. der »Lebensfaden«, »Abzweigungen im Lebensweg« etc.

Die Bestandteile der Metapher sind ein bildgebender und ein bildempfangender Bereich, z. B. »Die Beziehung (bildempfangend, Anm. d. Verf.) ist ein verbindendes Rohr (bildgebend Anm. d. Verf)«[346]. Metaphern sind sehr nützlich, um über Dinge sprechen zu können, die ansonsten schwer oder kaum kommunizierbar sind, wie dies für die existenziellen Grundthemen oft gelten mag. Gleichzeitig weisen Autoren wie etwa Susan Sontag[347] auf die Notwendigkeit der Auflösung von Metaphern hin, um sich dem damit Ausgedrückten direkt stellen zu können.

Für die Therapie ist zunächst eine Aufmerksamkeitslenkung des Therapeuten auf Metaphern zu beachten. Sowohl der bildgebende wie auch der bildempfangende Teil können ein existenzielles Thema sein. Dieses wird entweder angesprochen, oder aber es wird im Bild der Metapher geblieben, ohne dieses in irgendeiner Art zu »deuten«, d. h. explizit auf Existenzielles zurückzuführen.

An dieser Stelle sei auch auf die bisweilen »sprachlose« Reaktion vieler Menschen auf die Konfrontation mit existenziellen Themen verwiesen. »Nonverbale« Therapieformen wie die Musik- oder Kunsttherapie sind hier mit Gewinn einsetzbar und haben in ihren Entwicklungen immer wieder die Nähe zum Existenziellen betont[348].

---

344 Bronson, 2009, S. 122
345 Kast, 2010, S. 64
346 Buchholz u. Kleist, 1997, S. 87
347 Sontag, 2005
348 Völker u. a., 2018

Die therapeutische Beziehung vor der Folie des Existenziellen – Verbundenheit im gemeinsamen Schicksal

> »Die heilsame Wirkung kann in letzter Linie
> nur stattfinden von Mensch zu Mensch«
> (C. G. Jung[349])

> »Ein Mensch genügt, um dem Leben gemeinsam mit ihm Sinn zu geben«
> (Wilhelm Schmid[350])

Karl Jaspers befasste sich wohl als erster Philosoph mit dem Thema der heilsamen zwischenmenschlichen Kommunikation (den Kommunikationsbegriff fasst Jaspers dabei recht weit), die er idealerweise als eine »existenzielle Kommunikation« gefasst haben wollte und die bei genauer Betrachtung ein Plädoyer für eine bestimmte Beziehungsform ist. Aus einer Kritik am hierarchischen Beziehungsmodell Freuds heraus sprach er sich für eine Gegenseitigkeit aus, innerhalb der beide, Patient und Therapeut, lernen, mehr zu sich zu kommen, und gilt als Vordenker eines authentischen therapeutischen Beziehungsansatzes: »In der Kommunikation, durch die ich mich selbst getroffen weiß, ist der Andere nur dieser Andere: die Einzigkeit ist Erscheinung der Substantialität dieses Seins. Existentielle Kommunikation ist nicht vorzumachen und nicht nachzumachen, sondern schlechthin in ihrer jeweiligen Einmaligkeit. Sie ist zwischen zwei Selbst, die nur diese und nicht Repräsentanten, darum nicht vertretbar sind«[351]. Ludwig Binswanger stellte, ausgehend von seinen eigenen Erfahrungen der therapeutischen Arbeit im Umfeld der existenziellen Themen, fest, der Therapeut müsse »im Ringen um die Freiheit des Daseinspartners auch den Einsatz der eigenen Existenz wagen«[352]. Die Existenz des einen fließt in einem engen Beziehungsprozess quasi in den anderen hinein, kann sie dort doch wegen der verwandtschaftlichen Verhältnisse leicht andocken.

---

349 Jung, Briefe III, S. 284
350 Schmid, 2014, S. 81
351 Jaspers, 2008, S. 58
352 Binswanger, 1955, S. 307

Die Nähe alles Existenziellen zum Innern des Patienten und gleichermaßen zum Innern des Therapeuten schafft die genannte »Schicksalsverbundenheit«, eine enge Verflochtenheit zweier Individuen in der Auseinandersetzung mit den Dingen, die sie beide gleichermaßen konstituieren. Dies erinnert stark an Jungs Metapher des alchemistischen Prozesses für den Beziehungsprozess von Therapeut und Patient. In modernem Jargon hat vor allem die sich aus der Selbstpsychologie entwickelnde intersubjektivistische Theorie, beruhend »... auf der Annahme, dass Patient und Analytiker eine unauflösliche Einheit bilden und dass Bedeutung aus diesem System heraus entsteht«[353], eine große Nähe zum existenzialistisch inspirierten Blick auf die therapeutische Beziehung. Sie fasst Phänomene wie Übertragung, die Grenze zwischen Bewusstem und Unbewusstem etc. als »fließende, sich verändernde Bestandteile eines fortlaufenden dyadischen intersubjektiven Systems«[354] auf. Hierzu kann Sartres Theorie des Blicks, des »Für-andere-Seins«, in Beziehung gesetzt werden. Sie stellt psychoanalytisch gesprochen gleichermaßen eine Theorie der Intersubjektivität wie auch eine Theorie narzisstischer Phänomene dar. Der Blick des Anderen verwandelt den Menschen in ein Objekt, das er nicht ist. Da man aber nicht zu einem Objekt gemacht bzw. »genichtet« werden will, muss man sich gegen diesen Prozess auflehnen.

Sartres Dreiteilung

- Akt des Wahrnehmens,
- Erkennen des Gesehen-Werdens,
- Erleben des eigenen Objekt-Seins

zerlegt diesen Prozess in kleinere, überschaubare Zusammenhänge.

Die Folge sind Scham und Angst (»*frisson*«). Hier wird deutlich, dass die Sartre'sche Blick-Theorie zwar die enge Verflochtenheit zweier sich betrachtender Menschen beschreibt, diese aber vorwiegend unter negativen Gesichtspunkten interpretiert, wohingegen die Intersubjektivisten

---

353 Jaenicke, 2006
354 Stolorow u. a., 1999

neben einem »Risiko der Verbundenheit«[355] auch die Chance der im gemeinsamen Sein liegenden Verflochtenheit betonen. Aus der Zusammenschau existenzialistischer und intersubjektivistischer Beziehungssicht ergibt sich eine eindeutige Konflikthaftigkeit. In dem in dem großen Hollywood-Science-Fiction-Film Avatar so schon gesagten »Ich sehe Dich meint, ich sehe in dich hinein« ist eben sowohl der Blick des Anderen (des Therapeuten) als Bedrohung der eigenen Existenz enthalten wie auch der Blick des Anderen, der zum Verständnis und zur Entwicklung des eigenen Selbst nötig ist. Dies gilt auch und in gleichem Maße für den Therapeuten. Eine gewisse ängstliche Gestimmtheit zu Beginn einer Therapiestunde ist darauf die angemessene Reaktion. Als Folge davon ist es die erste Aufgabe, eine authentische Beziehung zwischen Therapeut und Patient zu erreichen.

Der schon genannte existenziell orientierte jüdische Religionsphilosoph Martin Buber beschreibt eine solche Beziehung in einem dialogischen Prinzip:

»Die Welt ist dem Menschen zwiefältig nach seiner zwiefältigen Haltung. Die Haltung des Menschen ist zwiefältig nach der Zwiefalt der Grundworte, die er sprechen kann. Das eine Grundwort ist das Wortpaar Ich-Du. Das andere Grundwort ist das Wortpaar Ich-Es«[356].

Die Erfahrung (ES) steht gegenüber der Beziehung (DU):

- »Die Welt der Erfahrung gehört dem Grundwort Ich-Es zu. Das Grundwort Ich-Du stiftet die Welt der Beziehung«.
- »Den Menschen, zu dem ich Du sage, erfahre ich nicht. Aber ich stehe in der Beziehung zu ihm«.
- »Die Beziehung zum Du ist unmittelbar«.
- Die Beziehung zum Es ist die der Erfahrung und der Nutzung und erfolgt über Mittel[357].

---

355 Jaenicke, 2006
356 Buber, 1923
357 ebenda

Pathologie entsteht in diesem Blickwinkel durch Dominanz der Ich-Es-Verhältnisse:

»Aber in den kranken Zeiten geschieht es, daß die Eswelt, nicht mehr von den Zuflüssen der Duwelt als von lebendigen Strömen durchzogen und befruchtet, abgetrennt, stockend, ein riesenhaftes Sumpfphantom, den Menschen übermächtigt. Indem er sich mit einer Welt von Gegenständen, die ihm nicht mehr zu Gegenwart werden, abfindet, erliegt er ihr«[358].

Konsequent setzen sich existenzielle Psychotherapeuten für eine reflektierte Nutzung von Selbstmitteilungen des Therapeuten (»self-disclosure«) ein und liegt damit im Trend moderner Psychotherapieforschung, die Gegenübertragungsmitteilungen als bedeutsamen Wirkfaktor identifiziert[359]:

Die Selbstmitteilung erfolgt aus existenziell-psychotherapeutischer Perspektive

- bezüglich der Mechanismen der Therapie,
- bezüglich der Gefühle des Therapeuten im Hinblick auf den Patienten in der Hier-und-Jetzt-Situation,
- bezüglich der Ehrlichkeit im Hinblick auf das eigene Leben[360].

Nur so entstehe, so der Autor, eine wirkliche authentische Beziehung.

Eine solchermaßen gesehene Übertragungs-Gegenübertragungsarbeit wird dann wieder, in den bereits genannten gemeinsamen »Reflexionsschlaufen« zum Gegenstand der therapeutischen Betrachtung.

---

358 ebenda
359 Faber, 2006
360 Yalom, 2002

Schlusswort

Im vorliegenden Buch wurde deutlich: Ist man auf existenzielle Themen ausgerichtet, werden Philosophen für das »Gebiet der Psychiatrie und Psychotherapie hochrelevant«[361]. Deren Werke aber sind meist umfangreiche Studien über das Wesen des Menschen, gleichzeitig irgendwie spezialisiert auf einen bestimmten Blickwinkel, aber so groß, dass deren Durchdringung schon eine Lebensaufgabe ist. Auf die Gefahr hin, Wichtiges wegzulassen, anderes fast unzulässig zu verkürzen oder zu vereinfachen und wieder anderes ungebührend hervorzuheben, wurde hier versucht, zentrale Aussagen der (vor allem existenzialistischen) Philosophie so aufzubereiten, dass diese dem praktischen Psychotherapeuten unmittelbar von Nutzen sein können. Gleichzeitig ist damit eine Anregung beabsichtigt, den einen oder anderen Autor, dessen Lehrgebäude besonders fasziniert, zu vertiefen und weiter zu lesen. Die zahlreichen im Text eingestreuten Zitate verweisen auf Kernaussagen der wichtigsten einschlägigen Autoren und wollen auch als »Weiterleseanregung« verstanden werden. Trotz der fehlenden Vollständigkeit hoffe ich, die Kernparameter des Existenziellen deutlich gemacht zu haben. Die Ausrichtung der eigenen Aufmerksamkeit auf die existenziellen Grundthemen unseres Menschseins ist zunächst eine Frage der ganz persönlichen Lebenshaltung. Sich dieser anzunähern war beabsichtigt, Ausgangspunkt ist die psychotherapeutische Arbeit als eine Möglichkeit des Zugangs unter vielen.

---

361 Yalom, 2012, S. 7

Anhang

Anglo-amerikanische Ansätze

Die Popularität Irvin Yaloms in den USA macht die Existenzielle Psychotherapie zu einem weithin anerkannten therapeutischen Verfahren. Die beiden kalifornischen Psychotherapeuten Schneider und Krug[362] entwickeln den »humanistisch-existenziellen« Ansatz von Rollo May (s. o.) weiter, ergänzen die vorliegende Literatur vor allem um ausführliche und wertvolle Ausführungen zum therapeutischen Prozess unter existenziell-therapeutischen Gesichtspunkten und veranschaulichen dies mit Fallgeschichten. Die Autoren führen interessante Forschungsbelege für die Wirksamkeit und Nützlichkeit existenziell orientierter therapeutischer Vorgehensweisen an. Gleichzeitig machen sie erneut die in vielen psychotherapeutischen Feldern bemerkbaren unterschiedlichen Herangehensweisen einzelinterventionsorientierter deutscher vs. prozessorientiert-amerikanischer existenziell-therapeutischer Arbeitsweise deutlich.

Aus der aktuellen englischsprachigen Literatur ist v. a. der Sammelband des amerikanischen Psychologen und Wissenschaftlers Stefan E. Schulenberg herauszuheben. Es ist ein übersichtlicher, anlässlich des ersten Weltkongresses für Existenzielle Psychotherapie 2015 in London zusammengestellter Band, der kurze Beiträge zu den aktuellen Betätigungsfeldern der meisten international renommierten existenziellen Psychotherapeuten enthält.[363]

---

362 Schneider und Krug, 2012
363 Schulenberg, 2016

Insgesamt ist therapieschulenübergreifend auch anhand von nationalen und internationalen Zeitschriften- und Buchbeiträgen ein verstärktes Interesse an existenziellen Parametern festzustellen. Dies ist ein grundsätzlich erfreulicher Trend, der Leser sei allerdings immer aufgerufen, zunächst zu beurteilen, ob es sich bei den beschriebenen (psychotherapeutischen) Gegenständen tatsächlich um dem Existenziellen zuzuordnende Aspekte handelt, damit die wertvollen aus der Philosophie entliehenen Begrifflichkeiten nicht eine inflationäre Entwertung erfahren.

Existenzielles im Netz

www.spep.org (Website der »Society for Phenomenology and Existential Philosophy«)
www.daseinsanalyse.ch (Website der Schweizerischen Gesellschaft für hermeneutische Anthropologie und Daseinsanalyse Zürich)
www.yalom.com (Homepage Irving Yalom)
www.fvep.de (Förderverein für existenzielle Psychotherapie in München)
www.logotherapie-gesellschaft.de (Deutsche Gesellschaft für Logotherapie und Existenzanalyse e. V.)
www.existenzanalyse.org (Internationale Gesellschaft für Logotherapie und Existenzanalyse, Wien)
www.cgjung.de (Deutsche Gesellschaft für Analytische Psychologie [DGAP])
www.cgjunggesellschaften.eu (Portalseite der europäischen C. G. Jung-Gesellschaften)
www.existentialanalysis.org.uk (Portalseite British Society for Existential Analysis)
www.iaap.org (Website der Internationalen Gesellschaft für Analytische Psychologie: International Association for Analytical Psychology [IAAP])
www.existential-therapy.com (umfassende, englischsprachige private Website zum Thema)
www.existentialpsychology.org (Website der International Society for Existential Psychology and Psychotherapy (ISEPP) und des International Journal of Existential Psychology and Psychotherapy

Literatur

Achenbach GB (1984) Philosophische Praxis. Vorträge und Aufsätze. Verlag für Philosophie, Hamburg
Adler A (2004) Der Sinn des Lebens. Fischer, Frankfurt a. M.
Ai Weiwei (2011) Macht euch keine Illusionen über mich. Der verbotene Blog. Galiani, Berlin
Allen W (1983) Nebenwirkungen. Rowohlt, Reinbek bei Hamburg
Allen W (1994) Das Woody Allen Buch. Zweitausendeins, Hamburg
Allen W (2007) Das Beste von Allen. Rowohlt, Reinbek bei Hamburg
Allen W (2009) Pure Anarchie. Heyne, Stuttgart
Amery J (1992) Hand an sich legen. Diskurs über den Freitod. Klett-Cotta, Stuttgart
Batthyány A (2005) Viktor E. Frankl. Leben und Werk. In VE Frankl, P Lapide, Gottsuche und Sinnfrage. Ein Gespräch. Gütersloher Verlagshaus, Gütersloh
Beauvoir S de (1968/2008) Ein sanfter Tod. Rowohlt, Reinbek bei Hamburg
Beauvoir S de (1969) In den besten Jahren. Rowohlt, Reinbek bei Hamburg
Beauvoir S de (1970/2000) Das Alter. Rowohlt, Reinbek bei Hamburg
Beauvoir S de (1986) Die Zeremonie des Abschieds. Gespräche mit Jean Paul Sartre. Rowohlt, Reinbek bei Hamburg
Beauvoir S de (1979) Alle Menschen sind sterblich. Rowohlt, Reinbek bei Hamburg
Beauvoir S de (1992) Das andere Geschlecht. Rowohlt, Reinbek bei Hamburg
Berner R (2006) Auf ein Wort. Eine Reise zum Gipfel der Philosophie. Verlag Elke Walker, Bern
Bieri P. (2009) Das Handwerk der Freiheit. Über die Entdeckung des eigenen Willens. Fischer, Frankfurt a. M.
Bieri P (2011) Wie wollen wir leben? Residenz Verlag, St. Pölten
Binswanger L (1922) Einführung in die Probleme der allgemeinen Psychologie. Springer, Berlin
Binswanger L (1955) Ausgewählte Vorträge und Aufsätze Bd. I und II. Francke, Bern
Blankertz S, Duobrawa E (2005) Lexikon der Gestalttherapie. Peter Hammer, Köln

Breitbart W, Rosenfeld B, Gibson C, Pessin H, Poppito S, Nelson C (2010) Meaning-centered group psychotherapy for patients with advanced cancer: a pilot randomized controlled trial. Psychooncology 19(1):21–28

Bronson, E (2009) Lebwohl Lorien – Von der Freude und ihren Grenzen bei Existenzialisten und Elben In G Bassham, E Bronson (Hg.) Der Herr der Ringe und die Philosophie (S. 102–122). Klett-Cotta, Stuttgart

Brandt D (2010) Philosophische Praxis. Ihr Begriff und ihre Stellung zu den Psychotherapien. Verlag Karl Alber, Freiburg i. Br.

Buber M (1961) Werkausgabe in 3 Bänden bei Lambert Schneider/Heidelberg und Kösel/München

Bucay, J (2015) Drei Fragen. Suhrkamp, Frankfurt

Buchholz MB, v. Kleist C (1997) Szenarien des Kontakts. Eine metaphernanalytische Untersuchung stationärer Psychotherapie. Psychosozial Verlag, Gießen

Buddhaghosa (2002) Der Weg zur Reinheit. Visuddhi-Magga: Die größte und älteste systematische Darstellung des Buddhismus. Jana Verlag, Oy-Mittelberg

Bugental JFT (1981) The Search for Authenticity. Irvington, New York

Boss, M. (1971) Grundriss der Medizin. Hans Huber, Bern

Cacioppo JT, Patrick WH, Wissmann J (2011) Einsamkeit. Woher sie kommt, was sie bewirkt und wie man ihr entkommt. Spektrum Akademischer Verlag, Berlin

Camus A (1980) Die Pest. Rowohlt, Reinbek bei Hamburg

Camus A (1997) Der Fremde. Rowohlt, Reinbek bei Hamburg

Camus A (2011) Der Mythos von Sisyphos. Rowohlt, Reinbek bei Hamburg

Ceilan C, Trinkaus P (2012) Dumm gelaufen. 600 Missgeschicke mit Todesfolge. Bastei, Köln

Cooper M (2003) Existential Therapies. Sage Publ., London

Daniel R (2000) Krebs, Körper und Symbol. Archetypische Aspekte einer Krankheit. IKM Guggenbühl AG, Zürich

Deurzen E von (2002) Existencial Counselling and Psychotherapy in Practice. Sage Pbl., London

Deurzen E von, Kenward R (2005) Dictionary of Existential Psychotherapy and Counselling. Sage Publ., London

Dorst B (2010) Lebenskrisen. Die Seele stärken durch Bilder, Geschichten und Symbole. Walter Verlag, Patmos, Ostfildern

Derrida J (1999) Randgänge der Philosophie. Passagen Verlag

Ermann M (2012) Angst und Angststörungen. Psychoanalytische Konzepte. Kohlhammer, Stuttgart

Erlach P, Reisch T (Hg.) (2010) Vom Sinn des Lebens. Fischer, Frankfurt a. M.

Faber PA (2006) Self Disclosure in Psychotherapy. The Guilford Press, New York

Fegg MJ, Kramer M, L'hoste S, Borasio GD (2008) The Schedule for Meaning in Life Evaluation (SMiLE): Validation of a new instrument for meaning-in-life research. Journal of Pain and Symptom Management 35(4):356–364

Fehige C, Meggle G, Wessels U (Hg.) (2004) Der Sinn des Lebens. dtv, München

Figl J (Hg.) Von Nietzsche zu Freud. Übereinstimmungen und Differenzen von Denkmotiven. WUV-Universitätsverlag, Wien

Fiedler P (2010) Verhaltenstherapie mon amour. Schattauer, Stuttgart

Fiedler P (2018) Existenzielle Psychotherapie. Die Gestaltung der therapeutischen Beziehung in der Behandlung von existenziell bedeutsamen Problem- und Lebenslagen. Verhaltenth. u. Verhaltensmed. 39/1:114–131

Fischer H (2003) Neue Wege aus dem Trauma. Erste Hilfe bei schweren seelischen Belastungen. Patmos, Ostfildern

Flynn ThR (2007) Existenzialismus. Eine kurze Einführung. Verlag Turia u. Kant, Berlin

Flusser, V (2011) Dinge und Undinge. Carl Hanser, München

Fonagy P, György G, Elliot L, Target M (2011) Affektregulierung, Mentalisierung und die Entwicklung des Selbst. Klett-Cotta, Stuttgart

Frankl V (2005) Der Mensch vor der Frage nach dem Sinn. Piper, München

Frankl V (2007) Ärztliche Seelsorge. Grundlagen der Logotherapie und Existenzanalyse. Dtv, München

Frankl V (2009) Das Leiden am sinnlosen Leben. Herder, Stuttgart

Frankl V, Lapide P (2005) Gottsuche und Sinnfrage. Ein Gespräch. Gütersloher Verlagshaus, Gütersloh

Franz, ML von (2002) Psychotherapie. Daimon, Einsiedeln

Freud S (1890) Psychische Behandlung (Seelenbehandlung). GW Bd. V. S. Fischer, Frankfurt a. Main

Frick E (2009) Psychosomatische Anthropologie. Kohlhammer, Stuttgart

Frick E, Vogel RT (Hg.) (2012) Den Abschied vom Leben verstehen. Psychoanalyse und Palliative Care. Kohlhammer, Stuttgart

Fuchs, T. (2009) Existenzielle Vulnerabilität. Ansätze zur Psychopathologie der Grenzsituationen. In A Hügli, D Kaegi, B Weidmann (Hg.) Existenz und Sinn. Karl Jaspers im Kontext (S. 37–56). Winter-Verlag, Heidelberg

Fuchs, Th. (2013) Leib und Lebensraum. Das eingebettete Selbst in der Psychotherapie. Psychotherapeutenjournal 3/13:124–130

Galle R (2009) Der Existenzialismus. Utb, Paderborn

Gebler FA (2009) Die existentielle Perspektive in der Psychotherapie. Quellwasser, Schwangau

Gebler FA (2010) Intergration einer existentiellen Perspektive in die kognitiv-behaviorale Therapie chronischer Schmerzen. Verhaltenstherapie 20:127–134.

Gebler FA, Maercker A (2012) Integration einer existentiellen Perspektive in ein kognitiv-behaviorales Schmerzbewältigungsprogramm. Eine Kontrollgruppenstudie im stationären Setting. Zeitschrift für Klinische Psychologie und Psychotherapie 41(2):90–100

Gehring P (2010) Theorien des Todes. Junius, Hamburg

Giegerich W (1999) Der Jungsche Begriff der Neurose. Peter Lang, Frankfurt

Gronemeyer R (2008) Sterben in Deutschland. Wie wir dem Tod wieder einen Platz im Leben einräumen. Fischer, Frankfurt a. M.

Graf M (Hg.) (2007) Der Tod ist groß. Erzählungen und Gedichte aus 800 Jahren. Verlag Artemis u. Winkler, Patmos, Düsseldorf

Han BC (1998) Todesarten. Willhelm Fink Verlag, München

Han BC (2013) Der Duft der Zeit. Transparent Verlag, Bielefeld

Harris T, Lagerström A (2009) Die Kunst, innerlich zu leben. Gütersloher Verlagshaus, Gütersloh

Hayes SC et al. (1999) Acceptance and Commitment Therapy. An Experiental Approach to Behavior Change. Guilford, New York

Heidegger M (1979/2006) Sein und Zeit. Niemeyer, Tübingen

Hell, D. (2013) Krankheit als seelische Herausforderung. Schwabe Verlag, Basel

Helbig A (1997) Der ältere Psychotherapeut. In E Wenglein (Hg.) Das dritte Lebensalter. Psychodynamik und Psychotherapie bei älteren Menschen. Vandenhoeck & Ruprecht, Göttingen

Hesse H (1981) Ausgewählte Briefe, Suhrkamp, Frankfurt a. M.

Hesse H (1992) Die Gedichte. Suhrkamp, Frankfurt a. M.

Hesse H (2006) Die Märchen. Suhrkamp, Frankfurt a. M.

Hesse H (1927/2007) Der Steppenwolf. Suhrkamp, Frankfurt a. M.

Hesse H (2017): Ermutigungen. Gedanken aus seinen Büchern und Briefen, Insel Verlag, Berlin

Hillman J (2001) Vom Sinn des langen Lebens. Wir werden, was wir sind. Kösel, München

Hillmann, M. (2010) Sinnerfülltes Leben und Sterben. In V Begemann (Hg.) Der Tod gibt zu denken. Waxmann Verlag, München

Hörsch J (2010) Theorie-Apotheke. Suhrkamp, Frankfurt a. M.

Jacobi J (2006) Die Psychologie von C. G. Jung. Eine Einführung in das Gesamtwerk. Rowohlt, Reinbek bei Hamburg

Jacobsen JC, Vanderwerker LC, Block SD, Friedlander RJ, Maciejewski PK, Prigerson HP (2006) Depression and demoralization as distinct syndromes: Preliminary data from a cohort of advanced cancer patients. Indian Journal of Palliative Care 12/1:8–15

Jaenicke Ch (2006) Das Risiko der Verbundenheit. Intersubjektivitäts-theorie in der Praxis. Klett-Cotta, Stuttgart

Jaffé A (1987) Aus C. G. Jungs letzten Jahren. Und andere Aufsätze. Daimon Verlag

James W (2012) Der Wille zum Glauben und andere popularphilosophische Essays. Lightning Source UK Ltd.

Jaspers K (1953) Wesen und Kritik der Psychotherapie. Piper, München

Jaspers K (1965) Allgemeine Psychopathologie. Suhrkamp, Berlin

Jaspers K (2001) Von der Wahrheit. Piper, München

Jaspers K (2008) Philosophie Bd. II. Existenzerhellung. Springer, Berlin

Jung CG (1921) Der therapeutische Wert des Abreagierens. GW Bd. 16. Walter, Olten

Jung CG (1921a) Psychologische Typen. GW Bd. 6, Walter, Olten
Jung CG (1932) Über die Beziehung der Psychotherapie zur Seelsorge. GW Bd. 11. Walter, Olten
Jung CG (1934) Zur gegenwärtigen Lage der Psychotherapie. GW Bd. X, Walter, Olten
Jung CG (1938) Über Konflikte der kindlichen Seele. GW Bd. XVII, Walter, Olten
Jung CG (1943) Psychotherapie und Weltanschauung, GW Bd. 16, Walter, Olten
Jung CG (1945) Medizin und Psychotherapie. GW Bd. 16, Walter, Olten
Jung CG (1945a) Der philosophische Baum. GW Bd. 13, Walter, Olten
Jung CG (1946) Die Psychologie der Übertragung. GW Bd. 16, Walter, Olten
Jung CG (1971) Erinnerungen, Träume, Gedanken. Walter, Olten
Kant I (1986) Kritik der reinen Vernunft. Reclam, Ditzingen
Kast V (1984) Paare. Beziehungsphantasien oder Wie Götter sich in Menschen spiegeln. Kreuz, Stuttgart
Kast V (1988) Das Assoziationsexperiment in der Therapeutischen Praxis. Bonz, Fellbach-Oeffingen
Kast V (1993) Märchen als Therapie. Dtv, München
Kast V (2003) Vom Interesse und dem Sinn der Langeweile. Dtv, München
Kast V (2000) C. G. Jung und seine Aktualität heute. Festbeitrag zum 125. Geburtstag von C. G. Jung an der ETH Zürich, unveröff. Skript
Kast V (2004) Sisyphos. Vom Festhalten und Loslassen. Kreuz, Stuttgart
Kast V (2010) Was wirklich zählt, ist das gelebte Leben. Kreuz, Stuttgart
Kast V (2016) Abschied von der Opferrolle. Das eigene Leben leben. Vortrag 14.12.2016 in München
Kierkegaard S (1843/2009) Entweder-Oder. Dtv, München
Kierkegaard (2009) Der Begriff der Angst. Zweitausendeins, Frankfurt
König K (1995) Widerstandanalyse. Vandenhoeck & Ruprecht, Göttingen
König K (1997) Abwehrmechanismen. Vandenhoeck & Ruprecht, Göttingen
Kohut H (1981) Die Heilung des Selbst. Suhrkamp, Frankfurt a. M.
Krishnamurti J (2000) Über die Liebe. Aquamarin, Grafing
Krohwinkel M (2013) Fördernde Prozesspflege im integrierten ABDELs. Forschung, Theorie und Praxis. Hogrefe, Göttingen
Landsberg PL (1935/2009) Todeserfahrung. Mathes und Seitz, Berlin
Längle A (2007) Sinnvoll Leben. Eine praktische Anleitung der Logotherapie. Residenz Verlag, St. Pölten
Lauveng A (2010) Und morgen bin ich ein Löwe. Wie ich die Schizophrenie besiegte. Btb, München
Lesmeister R (2010) Editorial. Anal. Psych. 161, 3/2010
Lesmeister R, Metzner E (Hg.) Nietzsche und die Tiefenpsychologie. Karl Alber, Freiburg
Lütkehaus L (2010) Nichts. Haffmanns Verlag, Zürich
Luoma JB, Hayes SC, Walser RD (2007) ACT-Training. Junfermann, Paderborn
Marquard, O (2013) Der Einzelne. Reclam, Stuttgart

Mader J (2005) Einführung in die Philosophie. UTB, Wien
Madsen A (2001) Jean-Paul Sartre und Simone de Beauvoir. Die Geschichte einer ungewöhnlichen Liebe. Rowohlt, Reinbek bei Hamburg
Mankel. H (2015) Treibsand. Was es heißt, ein Mensch zu sein. Paul Zsolnay, WienMaerker A (Hg.) (2002) Alterspsychotherapie und klinische Gerontopsychologie. Springer, Berlin
Mensch A (2008) Existenzphilosophische Perspektive in der Psychologie. BoD, Norderstedt
Mercier P (2008) Nachtzug nach Lissabon. btb, München
Montaigne M (2001) Essais. Insel, Frankfurt a. M.
Moorey St, Greer St (2007) Kognitive Verhaltenstherapie bei Krebspatienten. Urban und Fischer, München
Mukherjee S (2012) Der König aller Krankheiten. Krebs – Eine Biographie. Dumont, Köln
Münk Ch (2011) Handeln oder Sein. Die Existenzielle Psychoanalyse Jean Paul Sartres. Tectum, Marburg
Neuburger R (1999) Mythos Paar. Was Paare verbindet. Walter, Zürich
Nietzsche F (1984) Götzen-Dämmerung oder wie man mit dem Hammer philosophiert. Insel Verlag, Berlin
Nölke M, Sprang Ch (2009) Aus die Maus. Ungewöhnliche Todesanzeigen. Kiepenheuer und Witsch, Köln
Noll P (2009) Diktate über Sterben und Tod. Rowohlt, Reinbek bei Hamburg
Noyon H, Heidenreich T (2007) Die existenzielle Perspektive in der Verhaltenstherapie. Verhaltenstherapie 17/2
Orange DM, Atwood GE, Stolorow RD (2001) Intersubjektivität in der Psychoanalyse. Kontextualismus in der psychoanalytischen Praxis. Brandes und Apsel, Frankfurt a. M.
Otscheret L, Braun C (Hg.) (2005) Im Dialog mit dem Anderen. Brandes und Apsel, Frankfurt a. M.
Pfaller R (2011) Wofür es sich zu leben lohnt. Elemente materialistischer Philosophie. S. Fischer, Frankfurt a. M.
Planck M (1978) Vom Wesen der Willensfreiheit. In U Pothast (Hg.) Seminar: Freies Handeln und Determinismus. Suhrkamp, Frankfurt a. M.
Pothast U (Hg.) (1978) Seminar: Freies Handeln und Determinismus. Suhrkamp, Frankfurt a. M.
Prinz A, Muhr P (Hg.) (1994) Philosophie auf der Couch. WUV Universitätsverlag, Wien
Reiter B (2006) Auszüge aus der psychoanalytischen Praxis. In L Marinelli (Hg.) Die Couch. Vom Denken im Liegen. Prestel, München
Rank O (1929) Die Analytische Reaktion in ihren konstruktiven Ele-menten. F. Deuticke, Leipzig
Rank O (2006) Technik der Psychoanalyse (Bd 1–3). Psychosozial Verlag, Gießen
Remmler H (2001) Mit vierzig fängt das Leben an. Der Königsohn, der sich vor nichts fürchtet. Kreuz, Stuttgart

Riedel I (2010) Mystik des Herzens. Kreuz, Stuttgart
Riemann F, Kleespies W (2011) Die Kunst des Alterns. Ernst Reinhardt, München
Rilke RM (2013) Gesammelte Werke. Anakonda Verlag, Köln
Sändig B (2004) Albert Camus. Autonomie und Solidarität. Königs-hausen und Neumann, Würzburg
Sartorius M (2006) Die hohe Schule der Einsamkeit. Von der Kunst des Alleinseins. Gütersloher Verlagshaus, Gütersloh
Sartre JP (1938/1981) Der Ekel. Rowohlt, Reinbek bei Hamburg
Sartre JP (1943/2006) Das Sein und das Nichts. Rowohlt, Reinbek bei Hamburg
Sartre JP (1946/1994) Der Existenzialismus ist ein Humanismus. GW, Philosophische Sartre, Jean-Paul (1995): Freud: Das Drehbuch. In: Gesammelte Werke in Einzelausgaben. Band III. Rowohlt, Reinbek bei Hamburg
Schaupp W (2017) Die spirituelle Dimension des Schmerzes. Spiritual Care 6/3:285–293
Schlake H-P, Roosen K (2001) Der Hirntod als der Tod des Menschen. DSO, Neu-Isenburg
Schlittmaier A (1999) Zur Methodik und Systematik der Aporien. Königshausen und Neumann
Schmid W (2013) Dem Leben Sinn geben. Suhrkamp, Frankfurt a. M.
Schmid W (2014) Gelassenheit. Was wir gewinnen, wenn wir älter werden. Insel Verlag, Berlin
Schmid W (2015) Liebe. Insel Verlag, Berlin
Schmidt H (1978) Philosophisches Wörterbuch. Alfred Kröner Verlag, Stuttgart
Schmidt-Glintzer H (2010) Wohlstand, Glück und langes Leben. Vdw, Leipzig
Schneider G (2003) Die Zukunft? Plädoyer für eine atopische Grundhaltung in der Psychoanalyse. Psyche 57
Schneider KJ, Krug OT (2012) Humanistisch-Existenzielle Therapie. Ernst Reinhardt, München
Schnell T (2016) Psychologie des Lebenssinns. Springer, Berlin
Schopenhauer A (2009) Die Welt als Wille und Vorstellung. Anaconda Verlag, Köln
Schröder RA (1947) Alten Mannes Sommer, Suhrkamp, Berlin
Schulenberg, SE (Hg.) (2016) Clarifying and Furthering Existential Psychotherapy. Springer International, Switzerland
Sedgwick D (2001) Introduction to Jungian Psychotherapy. Taylor and Francis, New York
Shamdasani, S (1999) The Psychology of Kundalini Yoga: Notes of the Seminar Given in 1932 by C. G. Jung. Princeton University Press, Princeton
Shelburne WA (1983) Existential Perspective in the Thought of Carl Jung. Journal of Religion and Health 22/1, Spring
Sloterdijk P (2007) Gottes Eifer. Vom Kampf der drei Monotheismen. Verlag der Weltreligionen, Frankfurt a. M.
Sloterdijk P (2008) Zorn und Zeit. Suhrkamp, Berlin

Sloterdijk, P (2011) Streß und Freiheit. Suhrkamp, Berlin
Sontag S (2005) Krankheit als Metapher – Aids und seine Metaphern. Fischer, Frankfurt a. M.
Sontag S (2010) Das Leiden anderer betrachten. Fischer, Frankfurt a. M.
Spitzer M (2018) Einsamkeit – die unerkannte Krankheit. Droemer, München
Staveman HH (2002) Plädoyer für eine »philosophische Wende« in der Kognitiven (Verhaltens-)Therapie. Zschr. F. Rational-Emotive und Kogn. Verhaltensth. 13/1
Stavemann HH (2008) Lebenszielanalyse und Lebenszielplanung in Therapie und Beratung. PVU Psychologie Verlags Union, Weinheim
Stavemann HH, Hülsner Y (2019) Integrative KVT bei existenziellen Problemen. Umgang mit der eigenen Endlichkeit und Todesangst. Beltz, Weinheim
Stern D (2000) Mutter und Kind. Klett-Cotta, Stuttgart
Tellert J (2012) Nichts. Was im Leben wichtig ist. Hanser, München
Utsch, M, Bonelli, R., Raphael, M, Pfeifer, S (2018) Psychotherapie und Spiritualitr, Ser, Ser, Sanser, Münchenpie und Beratung. PVU Psychologie Verlags Union, WeinheimSpringer, Berlin
Völker S., Gruber M (Hg.) (2018) Mensch und Bild. Kunsttherapie und Existenzerfahrung. EB Verlag, Berlin
Vogel RT (2003) Mensch oder Hirn. Zum Gegenstand psychotherapeutischer Behandlung. Zeitschr. f. Neuropsychol. 14/4, Hans Huber
Vogel RT (2005) Integration verhaltenstherapeutischer Methoden in psychodynamische Behandlungen. Kohlhammer, Stuttgart
Vogel RT (2009) Psychotherapie als moralische Profession? Verhaltenstherapie u. psychosoz. Praxis 41/3:503–597
Vogel RT (2011) Psychotherapie auf Palliativstationen. Eine empirische Bestandsaufnahme. Psychotherapeut 5/2011:379–385
Vogel RT (2012) Analytische Psychologie und die ihr angemessenen Forschungsmethoden. Empistemologische Überlegungen zu ihrem Status als Wissenschaft. AP 166, Brandes und Apsel Verlag
Vogel RT (2012a) Selbst und Tod. In E Frick, RT Vogel (Hg.) Den Abschied vom Leben verstehen. Kohlhammer, Stuttgart.
Vogel RT (2012b) Todesthemen in der Psychotherapie. Ein integratives Handbuch zur Arbeit mit Sterben, Tod und Trauer. Kohlhammer, Stuttgart
Vogel RT (2012c) Die »Integration« des Schattens. In B Dorst, Ch Neuen, W Teichert (Hg.) Gönnen und Neiden. Psychotherapeutische und gesellschaftliche Aspekte. Patmos, Ostfildern
Vogel RT (2015a) Das Dunkle im Menschen. Das Schattenkonzept der Analytischen Psychologie. Kohlhammer, Stuttgart
Vogel RT (2015b) Der Tod ist groß, wir sind die Seinen. Mit dem Sterben leben lernen. Patmos, Ostfildern
Vogel R.T. (2015c) Unlösbar. Existenzielle Themen in Beratung und Therapie. Kontext 46/1, S. 42–48

Vogel R.T. (2018) Analytische Psychologie nach C. G. Jung. Kohlhammer, Stuttgart
Wagner UM (2011) Die Kunst des Alleinseins. Theseus, Bielefeld
Waldon S (2005) A very easy death. QUADTRANT 35/1
Wecker K (2009) Die Kunst des Scheiterns. Piper Verlag, München
Wehr G (2003) C. G. Jung. Rowohlt, Reinbek bei Hamburg
Weizsäcker V (2008) Warum wird man krank? Ein Lesebuch. Suhrkamp, Frankfurt a. M.
Wieland-Burston J (1996) Einsamkeit. Zeiten des Rückzugs – Zeiten der Entwicklung. Kreuz, Stuttgart
Willi J (1985) Ko-evolution. Die Kunst des gemeinsamen Wachsens. Rowohlt, Reinbek bei Hamburg
Willi J (1992) Was hält Paare zusammen? Rowohlt, Reinbek bei Hamburg
Winnicott DW (1974) Reifungsprozesse und fördernde Umwelt. Fischer, Frankfurt a. M.
Wright, JL (2009) Sams und Frodos Extrem-Abenteuer: Das Motiv der Reise bei Tolkien. In G Bassham, E Bronson (Hg.) Der Herr der Ringe und die Philosophie (S. 259–276). Klett-Cotta, Stuttgart
Yalom I (2000) Existenzielle Psychotherapie. Ed. Human. Psychol., Köln
Yalom I (2002) Der Panama-Hut oder Was einen guten Therapeuten ausmacht. Btb, München
Yalom I (2002) Der Panama-Hut oder was einen guten Therapeuten ausmacht. Btb, München
Yalom I (2005) Die Schopenhauer Kur. Btb, München
Yalom I (2008) In die Sonne schauen. Wie man die Angst vor dem Tod überwindet. Btb, München
Yalom I (2012) Das Spinoza-Problem. Btb, München
Yalom I (2015) Denn alles ist vergänglich. Btb, München
Yalom I (2018) Wie man wird, was man ist. Memoiren eines Psychotherapeuten. Btb, München

Stichwortverzeichnis

A

Abstinenz 79, 96
Absurde, das 19, 75
Abwehr 63, 71, 77 f., 85, 87, 93, 96, 100, 107
Acceptance 29
Alchemie 72, 92
Angst 18, 32, 40, 53, 63, 69, 75 f., 85, 87, 92, 96, 100, 104, 106, 112, 120

D

Dasein 12 f., 18, 35, 48, 109, 111, 119

E

Engagement 20, 43, 50, 82, 86
Erkenntnistheorie 13, 16, 26, 61
evangelisch 14
Existenzialismus 8, 12, 14 f., 18 f., 21, 26, 29, 32, 35, 40 f., 47, 49 f., 52, 65, 87 f., 106
Expressionismus 15

G

Ganzheit 17, 22, 48, 83, 101
Gehirn 7
Grenzsituation 93 f., 106

H

Hermeneutik 13

I

Intersubjektivität 50, 72, 120

K

katholisch 8, 12, 14
Kommunikation, existenzielle 24, 105, 119
Komplex 17, 47, 58 f.
Krisenintervention 95
Kunst 14 f., 24, 62, 69, 114, 117
Kunsttherapie 118

L

Leid 7, 14, 17, 22 f., 28, 45, 50, 64, 83, 93–95, 107
Loyalität 21

M

marxistisch 20

N

Naturwissenschaft 26, 56, 78, 110
Nichts 18, 32, 51, 57, 76, 109, 111 f.

Nomothetik 13

O

Overload, existenzieller 85

P

palliativ 28, 55, 78–80
Phänomenologie 16
Philosophie 17, 19, 22–24, 31, 33, 37, 42 f., 46, 52, 61, 76, 87, 94, 108, 110, 112, 123

S

Schicksal 24, 35, 49, 60, 109, 119
Seele 21–24, 28, 39, 43, 64, 83, 92–94
Seiendes 18

Selbst 24, 38, 46, 48, 50 f., 64 f., 70 f., 77, 86, 99, 105 f., 108, 112, 121
Selbstpsychologie 77, 120
Sinnforschung 63
Spiritualität 64 f., 87
Symbol 32 f., 92, 115, 117

U

Unlösbar/Unlösbarkeit 95

V

Vulnerabilität, existenzielle 35

W

Weckruf 86, 93, 106, 115

Personenverzeichnis

A

Allen, E.   39
Allen, W.   9, 18, 39, 58, 63, 76

B

Bachmann, I.   88
Beauvoir, S. de   14, 17, 29, 73 f., 85, 98–101
Beckmann, M.   15
Bieri, P.   21, 57 f., 60, 108 f.
Binswanger, L.   45, 119
Boss, M.   35
Buber, M.   42, 70, 121
Bugental, J.   42

C

Camus, A.   14, 19 f., 41, 51, 60, 74 f.
Condrau, G.   35
Corbin, H.   46

D

Deurzen E. von   42

F

Fegg, M.   64
Flusser, V.   16
Franz, M. L. von   24, 50

Freud, S.   14, 21 f., 31–33, 36–38, 40, 45, 56 f., 98, 107
Fromm, E.   40

G

Giegerich, W.   23, 56, 94, 103, 108

H

Heidegger, M.   13 f., 16–18, 21, 46, 48, 59, 69, 72, 74, 76, 87, 109, 111
Hesse, H.   53, 61, 68 f., 91
Hillman, J.   99
Holzhey-Kunz, A.   35
Husserl, E.   16

J

Jaenicke, Ch.   72, 120 f.
Jaenicke, U.   35
Jaspers, K.   14, 16, 24, 93, 105 f.
Jung, C. G.   14, 16 f., 22–24, 34, 36, 43–51, 58, 63–65, 70, 72, 74, 77, 83 f., 87, 92, 96, 99, 103, 105, 110, 119 f.

K

Kant, I.   61, 65
Kast, V.   49, 56, 65 f., 87, 93, 101, 116–118

Kierkegaard, S.   14, 40, 48, 50, 56, 76, 97, 107, 111 f., 117
Klein, M.   32

L

Lacan, J.   61
Landsberg, P. L.   12, 75 f.
Lauveng, A.   54

M

Marcel, G.   14
Mercier, P.   21, 76, 87
Munch, E.   15, 62

N

Nietzsche, F.   31, 62

P

Perls, F.   32
Planck, M.   56

R

Rank, O.   76, 111

Remmler, H.   100
Riedel, I.   60

S

Sartre, J.-P.   14, 16–18, 20 f., 27, 29, 32 f., 41, 50 f., 57, 59, 74, 80, 85, 87, 100 f., 107, 109, 111, 120
Schopenhauer, A.   31
Sloterdijk, P.   31, 74, 111 f.
Sontag, S.   14, 85 f., 118
Stuck, F. von   15

V

Victorinus, M.   11

W

Winnicott, D. W.   32, 70, 96

Y

Yalom, I.   7, 12, 16, 23, 32, 41–44, 49 f., 52, 55, 57, 69, 71, 75, 77 f., 84, 86, 88, 92 f., 97, 106, 109, 115, 122 f.